통일의 눈으로 백령도를 다시보다

통일의 눈으로 백령도를 다시보다

초판1쇄 인쇄	2021년 3월 11일
초판1쇄 발행	2021년 3월 26일(서해수호의 날)

지은이	강동완
펴낸곳	도서출판 너나드리
등록번호	2015-2호(2015.2.16)
주　　소	부산시 사하구 다대로 381번길 99 101동 1406호
이메일	simple1@daum.net
홈페이지	www.dahana.co.kr　　https://blog.naver.com/tongil0214
전　　화	051-200-8790, 010-4443-6392
팩　　스	0504-099-6392
책임편집	강동완
디자인	박지영
일러스트	권보미 박민서

ISBN	979-11-965081-9-7
값	24,000원

· 이 책은 저작권법에 따라 보호받는 저작물이므로 무단전재와 무단복제를 금지하며
· 이 책 내용의 전부 또는 일부를 이용하려면 반드시 저작권자와 도서출판 너나드리의 서면동의를 받아야 합니다.

통일의 눈으로
백령도를 다시보다

PROLOGUE

들어가며

서해 최북단 끝섬이라 불리는 백령도, 그 섬에 가보고 싶었다.
하늘과 바다가 잔잔한 마음으로 다섯 시간의 뱃길을 허락해 주어야만 닿을 수 있는 여정.
누구나 아무 때 쉽게 갈 수 있는 곳은 결코 아니었다. 백령도에 이르는 길은 그렇게 멀고도 가까웠다.

지난 몇 년 동안 필자는 북중 국경 지역을 오가며 압록강과 두만강 너머 북녘을 바라보기만 했다. 북한 신의주를 마주한 중국 단둥에서부터 시작해 한반도 최북단 온성까지 이르는 길은 그야말로 바라봄의 시간들이었다. 북녘으로 향하는 길은 어디든 막히고 끊겼다. 언제가 되어야 강 너머가 아닌 조국의 반쪽 땅을 직접 밟을 수 있을까라는 간절한 소망만이 앞섰다.

그나마 중국이 아닌 우리 땅에서 북한을 가까이 볼 수 있는 곳이 바로 남북한 접경지역이다. 백령도에서는 북한과의 거리가 10여 km에 불과하다. 맑은 날이면 북녘의 산하를 한눈에 볼 수 있다는 말을 듣고 그 섬에 가고픈 마음은 더없이 간절해졌다.

그런데 북중국경까지 두어 시간 비행이면 닿을 수 있는 데 비해 백령도는 뱃길로만 다섯 시간이다. 특히 겨울철에는 기상 악화로 일주일에 2~3일씩 결항 되어 꼼짝없이 발이 묶이는 경우도 허다하다. 굳이 힘든 길을 왜 가느냐며 반문할 수도 있지만, 그 길 끝에 서면 분명 조국의 반쪽을 한품에 안아 볼 수 있으리라 여겼다.

하지만 역시 강과 바다의 차이만 있을 뿐이었다. 중국에서는 압록강과 두만강이 가로막았다면 백령도는 남북을 가르는 모진 바다가 더 이상의 진입을 허락하지 않았다. 건널 수 없는 분단의 땅임은 매한가지였다.

바스락거리는 마음을 애써 다잡았다. 그리고는 길이 끝나는 최북단 섬에서 길을 찾으려 다시 한걸음을 내디뎠다. 백령도는 그렇게 끝이자 시작으로 다가왔다.

백령도에서는 북한 황해도가 지척이다. 6·25전쟁 전까지 백령도 사람들은 황해도 용연군으로 장을 보러 다녔다고 할 만큼 가깝다. 황해도에서 피란 온 사람들은 며칠만 지나면 전쟁이 끝나 다시 고향땅으로 돌아갈 것이라 여겼다. 그 며칠의 기다림이 반백년이 넘는 분단 세월에 녹아 버렸다. 그때로부터 지금까지

70여 년의 삶의 흔적은 고스란히 백령도에 담겼다. 그래서였을까? 경계의 바다 너머 불어오는 북풍은 고향 내음을 한가득 담은 듯 했다.

분단의 시선을 거두면 백령도의 자연은 경이롭기까지 하다. 이탈리아 나폴리 해안과 함께 전 세계에 단 두 곳밖에 없다는 사곶해안, 수억 년의 시간들이 바위를 빚어 만들어낸 콩돌해안 등 천연기념물만 다섯 곳이 넘는다. 한국 최초로 복음이 전래된 곳으로 평양 대동강에서 순교한 토마스 선교사가 제일 먼저 발 디딘 곳도 백령도다.

백령도에 머무는 여러 날 동안 철책선을 정비하는 군인들의 모습이 자주 눈에 띄었다. 낡은 철조망을 거둬내고 반짝반짝 윤이 날 정도로 날 선 철조망을 내려다보았다. 오랜 분단의 세월 동안 녹슨 철조망보다 더 시리게 가슴을 베어낸다. 녹슨 철조망은 과거의 기억이지만, 철조망을 새로 교체한다는 건 분단이 여전히 진행형이기 때문이다. 그렇게 철조망 교체작업은 지금도 계속된다.

분단을 살아가는 우리에게 백령도는 통일성지와도 같은 곳이라 하면 너무 과장된 표현일까? 천안함 46용사의 충혼이 아직도 백령도 앞바다에 오롯이 새겨져 있다. 백령도 어디를 둘러봐도 통일 감성 여행지로서의 발걸음을 재촉한다.

분단의 상처로 지친 사람들에게 백령도로 함께 떠나자 손 내밀고 싶다. 하나됨의 굳센 마음들을 다시금 되새기며 잠시나마 섬을 누릴 수 있는 바로 그곳에 통일감성이 있다. 일상이 행복임을 미처 알지 못했기에 지난날을 되돌아보려 한다. 그리고 그 일상의 공간에 미약하나마 통일의 시간들을 한 줌 보태어 보련다. 그 시간들이 모이고 합쳐져 분명 통일조국의 벅찬 순간을 마주하리라 확신하면서 말이다.

특별히 〈당신이 통일입니다〉여행사 송현정 대표님과 모든 직원분께 감사드린다. '국내유일 통일북한 관련 전문여행사'라는 이름에 걸맞게 일상을 통일여행으로 채워가는 귀한 발걸음에 박수를 보낸다. 코로나로 인해 몹시도 힘든 시기지만 무사히 버티고 견뎌주기를 바랄 뿐이다.
아울러 북한사람들을 마음에 품고 통일을 위해 두 손 모으는 이 땅의 모든 동역자들께 이 책을 바친다. 〈나의 통일감성여행답사기〉는 계속되리라.

한겨울 얼음장 밑으로 흐르는 가녀린 물줄기가 끝내 봄을 알리듯
2021년 3월 강동완 담고 쓰다.

CONTENTS

Chapter 1

			P.
01	용기포 신항	백령도의 관문	12
02	끝섬전망대	끝에서 시작을 바라다	20
03	하늬해변	날 선 분단의 흔적과 점박이물범의 공존	36
04	동키부대 막사와 백령정	군번 없는 무명의 영웅들	50
05	백호부대 전적비	오월 초목 단심으로 물들인 충혼	54
06	심청각	인당수의 전설도 분단 너머	58
07	고봉포구와 사자바위	배 이름에 새겨 넣은 고향	68
08	어릿골해안	베를린 장벽보다 더 견고한 철조망 장벽	74
09	사항포구	삶의 터전과 지뢰밭의 경계	84
10	백령도 기상대	한반도 날씨예보의 첨병	90

Chapter 2

			P.
11	두무진	늙은 신의 마지막 작품과 통일기원비	96
12	故 임현상 소령 추모비	'진정한 해병'이라는 표어	114
13	천안함 46용사 위령탑	772함 수병은 귀환하라	116
14	가을리	쟁기로 갯벌을 갈다	128
15	중화동교회	황해도 소래교회에 이은 두 번째 교회	132
16	백령 식수원 댐	담수호 둘레길을 걷다	138
17	장촌포구와 용트림바위	분단의 바위를 깨뜨릴 통일의 바람과 공기	142
18	연화리 해병대 상륙작전훈련소	차갑고 시린 분단의 날들	146
19	콩돌해안	파도에 깎이고 부서진 인고의 세월	152
20	사진찍기 좋은 녹색명소	대형 한반도 지도에 새겨진 경계선	158

Chapter 3

			P.
21	창바위	하나인 듯 두 개의 바위	168
22	백령대교	백령도에서 제일 긴(?) 다리	172
23	사곶해변	6·25 전쟁 당시 활주로로 사용한 천연비행장	176
24	극동방송 백령도 스튜디오	복음의 소식이 북녘까지	190
25	현충탑	조국을 위해 바친 그대들의 거룩한 넋	192
26	해군 14용사 충혼비	바람결에 실린 용사들의 충정	196
27	용기포 등대해안	큰 절벽 아래 깊고 푸른곳	200
28	용기포 구항	사라진 통일기원탑과 야간 통행금지	202
29	반공유격 전적비	516명의 넋을 위로하며	208
30	북포리 당후길 흑룡마크사	핑크빛 꽃 명찰의 추억	212

> 백령도는 서해 5도의 일부로 5개의 섬들 중에서 가장 큰 섬이다.
> 면적은 51.18 km², 인구는 2019년 8월 말 주민등록 기준으로
> 5,313명, 2,988가구이다. 남한 최서단이자 최북단에 해당한다.

Baengnyeongdo

07

08 07 06
          05
       04 03
              02
            01●

10 09

1부

Chapter 1

01	용기포 신항	백령도의 관문
02	끝섬전망대	끝에서 시작을 바라다
03	하늬해변	날 선 분단의 흔적과 점박이물범의 공존
04	동키부대 막사와 백령정	군번 없는 무명의 영웅들
05	백호부대 전적비	오월 초목 단심으로 물들인 충혼
06	심청각	인당수의 전설도 분단 너머
07	고봉포구와 사자바위	배 이름에 새겨 넣은 고향
08	어릿골해안	베를린 장벽보다 더 견고한 철조망 장벽
09	사항포구	삶의 터전과 지뢰밭의 경계
10	백령도 기상대	한반도 날씨예보의 첨병

01

용기포 신항

백령도의 관문

인천항에서 뱃길로 4~5시간을 달리면 서해 최북단 섬 백령도에 닿는다. 직선거리로 곧장 달리면 3시간이면 충분하다. 하지만 한 두시간을 더 에돌아 가는 데에는 사연이 있다. 바로 서해북방한계선 NLL과 인접한 항로로 다닐 수 없기 때문이다. 인천에서 173km나 떨어진 서해의 끝섬이지만, 북한 장산곶까지는 불과 13km면 닿을 수 있다. 백령도에서 서울까지 205km, 평양까지의 거리는 그보다 가까운 150km이니 지도상으로 보면 북한지역에 있는 대한민국이라는 생각도 든다. 백령도는 행정구역상 황해도 장연군에 속했으나 광복 후인 1945년에는 경기도 옹진군에, 이후 1995년에 인천광역시로 편입되었다. 원래 명칭은 곡도(鵠島)로 따오기(鵠)가 흰 날개를 활짝 펴고 날갯짓하는 모습처럼 보여 붙여진 이름이다.

서해의 끝, 한반도의 최북단

서해의 종착역이자 한 편의 작품 같은 섬으로 불리는 백령도는 최북단이라는 수식어가 붙었다. 말 그대로 서해 최북단 섬에 이르는 길은 가깝고도 멀었다. 조국의 반쪽을 쉬이 가지 못 하는 현실에서 보면 분명 최북단이지만, 한반도의 끝을 함경북도 온성으로 본다면 백령도는 분명 최북단이 아니다. 최북단이라는 단어를 보며 문득 지구의 최북단 마을이 떠올랐다. 북유럽의 최북단 노스케이프, 지구의 최북단 마을 노드캅 등은 분명 길이 끝나는 지점이다. 인간이 자연을 거슬러 더이상 북쪽으로 갈 수 없기에 말 그대로 최북단이다. 하지만 분단을 사는 우리에게는 분명 통하는 길이 있음에도 닿을 수 없어 최북단이 되었다. 자연의 순리가 아닌 인간에 의해 인위적으로 나뉜 한 줄의 선은 더 이상의 길을 내어주지 않았다.

아직도 끝나지 않은 전쟁의 포화 속에서 망망대해 한가운데 외로이 떠 있는 섬 백령도. 홀로 외로워 보였지만 그 당당함 앞에 절로 숙연해진다. 용기포 신항에 내걸린 대형태극기는 이곳이 자랑스러운 대한민국의 최전선임을 외치는 듯 오늘도 나부낀다.

백령도 용기포 신항은 인천과 백령도를 오가는 여객선 운항을 위해 2012년 12월에 새롭게 조성된 항이다. 현대식 건물의 여객터미널은 백령도의 첫인상처럼 보인다.

"북한 황해도 장산곶을 지척에서 볼 수 있는
백령도는 분단의 한을 품고 사는
실향민들의 아픔이 배어있을 뿐만 아니라
천안함의 기억이 아직 생생한 민족의 애환이 어려 있는 곳이다."

- 백령도 소개 팜플렛

끝섬전망대에서 내려다 본
용기포 신항

인천과 백령을 오가는 배편

백령도에 가는 방법은 인천 연안부두에 있는 연안여객터미널에서 배를 이용해야 한다. 고려고속훼리에서 운항하는 '코리아킹'호와 '옹진훼미리'호 그리고 에이치 해운에서 운항하는 '하모니플라워'호 등이 있다. '하모니플라워호'는 차량 도선이 가능한데, '코리아킹'호와 같이 아침 시간에 출발하는 배편이다. 요금은 주말 할증을 감안하면 요일에 따라 조금씩 다르지만 대략 왕복 14만원 정도다. 제주도는 물론 가까운 외국으로 가는 할인항공료가 왕복 10만원 정도인 걸 감안하면 그리 저렴한 요금은 아니다. 실제로 주변 분들에게 백령도 여행을 권유하면 왕복 배편 요금을 듣고 깜짝 놀라는 경우가 많다. 비행기를 타고 한 시간이면 해외여행을 갈 수 있는 시대에 배를 타고 4시간이나 그것도 비행기보다 더 비싼 요금을 내고 굳이 왜 가느냐는 반응이다. 하지만 그 모든 시간과 비용이 아깝지 않을 만큼의 새로운 세상이 분명 그 섬에 있다. 거창하게 '죽기 전에 꼭 다녀와 할 여행지'까지는 아니더라도 분단을 살아가는 우리라면 반드시 한 번은 다녀와야 할 통일성지라 여겨진다.

인천과 백령을 오가는 하모니플라워호는 차량 도선이 가능하다

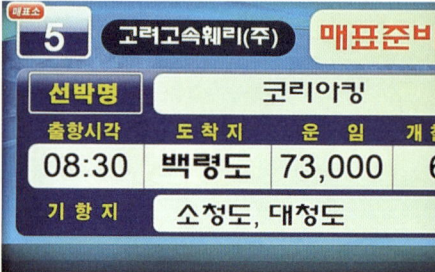

수도권이 아닌 지방에서 오는 경우에는 아침 일찍 출발하는 배를 타기 어렵다. 1시간이 더 걸리기는 하지만 오후에 출발하는 '옹진훼미리'호를 이용하면 된다. 1980년대 말까지만 해도 백령도를 가려면 12시간이나 배를 타야 했다. 쾌속여객선이 취항하기 전까지는 말이다. 백령도로 향하는 모든 배는 소청도와 대청도를 거쳐 간다. 백령도, 대청도, 소청도, 연평도, 우도를 가리켜 서해5도라 지칭한다. 백령도에 가는 배를 타면 최소한 대청도와 소청도의 대략적인 모습은 볼 수 있다.

1967년대 당시 백령도 여객선

여객선 운항과 함께 용기포 신항은 해군 함정이 정박하는 거점이기도 하다

백령도에서 제일 먼저 반겨주는 이

백령도 용기포 신항에 발을 디디면 제일 먼저 반겨주는 이가 있다. 항구 한켠에 자리 잡고 특산물을 판매하는 백령도의 어머니들이다. 여객선이 들어오고 나갈 때면 어김없이 노점을 펼친다. 백령도에서 나고 자라 그 누구보다 백령도를 사랑한다고 말씀하시는 분들이다. 북한을 지척에 두고 억척스러운 삶을 이어가면서도 백령도만큼 살기 좋은 곳은 또 없다며…

용기포신항 광장에는 인천시의 마스코트인 점박이물범이 관광객을 맞아준다

▲ 흑룡부대 장병 일동 명의 표지석   흑룡 표지석이 벽처럼 가려져 삼거리처럼 보이지만 표지석 뒤로 또 하나의 길이 있는 백령사거리다

백령사거리 흑룡부대 표지판

용기포 신항을 벗어나 직선도로를 조금 달리다 보면 삼거리를 만난다. 양쪽으로 갈라지는 삼거리인 듯 보이지만 실제는 직진 방향으로 또 하나의 길이 열린 사거리다. 백령도를 지키는 해병 6사단 흑룡부대 표지석에 가려져 마치 삼거리처럼 보인다. 해병대 고유 장비인 상륙돌격장갑차가 위용있게 선 이곳이 어쩌면 백령도의 시작이자 끝일지도 모른다. 양 갈래 길에서 어느 방향으로 가든 섬을 한 바퀴 돌아와 다시 이 자리에서 만난다. 앞이 가로막혀 오른쪽이나 왼쪽 중 하나만을 선택해야 할 것 같지만, 그 너머에 또 다른 길이 있었다는 걸 알지 못했다. 통일의 길도 그러하리라. 이곳을 기점으로 시계 반대 방향으로 돌면서 백령도 통일감성여행을 시작한다.

느린우체통

용기포 신항 맞이방에는 <느린우체통>이 설치되어 있다. 1년 후 손에 받아드는 엽서에는 어떤 소식이 전해질까? 그런데 "느린"이라는 단어를 보며 문득 실향민이 떠올랐다. 바쁜 일상을 살아가는 현대인에게 느린 삶은 주요 화두가 되었다. 그래서일까? 요즘 주요 관광명소마다 느린 우체통이 우후죽순처럼 생겨난다. 하지만 실향민이 바라보는 느린 우체통은 분명 다른 느낌으로 다가올 것 같다. 하루라도 빨리 고향에 가고픈 마음을 달래며 편지 한 통이라도 받고 싶은 마음 말이다. 남북한이 자유로운 서신교환 만이라도 할 수 있게 해 달라고 간절한 염원을 담은 지 벌써 수십 년이 흘렀다. 1년 뒤 받아볼 느린엽서에는 오늘을 기억하며 내일을 살아갈 누군가의 발걸음이 추억으로 묻어올 테지만, 고령의 실향민들에게 1년 뒤 삶은 현재가 아닐 수도 있다.

실제로 백령도에 가면 꼭 찾아가고픈 가게가 하나 있었다. 백령도에 관한 자료를 조사하던 중에 모 방송국에서 촬영한 영상에서 실향민 한 분의 사연을 보게 되었다. 백령도와 마주한 황해도 용연군이 고향인 할아버지는 백령도에서 낚시가게를 운영하고 계셨다. 고향이 그리울 때면 어김없이 고향땅이 내려다 보이는 산에 올라 그리움을 달랜다는 사연이 방송에서 흘러나왔다. 백령도에 가면 꼭 찾아뵙고 피란 때까지 지금까지 살아온 소소한 이야기를 듣고 싶었다. 하지만 할아버지가 운영하시던 낚시가게는 이미 다른 상점으로 바뀌었고 수소문 끝에 할아버지는 유명을 달리하셨다는 소식을 들었다. 그리도 그리워하시던 고향땅을 끝내 가보지 못하신 채 한 맺힌 삶을 마감하셨다. 비단 할아버지 한분만의 이야기는 아닌듯하다. 전쟁이 나서 백령도로 피란 온 황해도 사람들은 며칠만 지나면 금방 고향땅에 돌아갈 거라 여겼다. 하지만 그 세월이 한 백년이 다 되어간다. 손닿으면 한걸음에 달려갈 거리지만 분단의 세월은 귀향을 허락하지 않았다. 살아있을 적에 엄마 얼굴 한번만 보고 죽으면 여한이 없겠다는 어느 실향민의 소원이 귓가에 맴돈다. 구십을 훌쩍 넘긴 어르신께서 분명 엄마라고 말씀하셨다. 그리고 두 볼을 타고 주르륵 애환의 눈물을 흘리셨다.

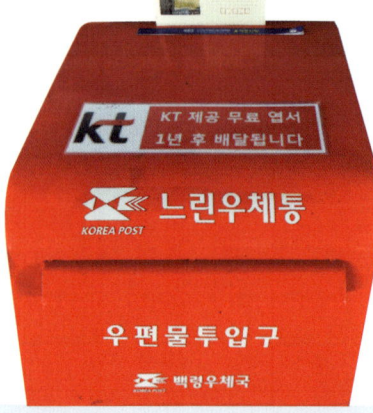

그런 실향민의 아픔과 그리움이 이곳 백령도에 가득히 묻어있다. 빛의 속도로 살아가며 치열한 삶의 현장에 선 현대인에게 가끔은 오늘을 돌아볼 느림의 미학도 필요하다. 그래서 느린우체통도 또 다른 추억이겠지만, 실향민에게는 고향 소식을 전해줄 빛보다 빠른 우체통이 더 간절할지도 모르겠다. 느린 우체통 옆에 실향민을 위해 고향에 보내는 우체통도 하나 마련해 두면 어떨까? 천만리길 타향살이로 고향이 그리운 이들에게 백령도는 그나마 지척의 북녘에서 불어오는 고향의 냄새를 맡을 수 있는 곳이다. 고향 집 앞마당 같은 어머니의 숨결을 담은 위안의 섬...

공간 속 통일

백령 흰나래 길

백령도에는 2013년 문화관광부가 '이야기가 있는 문화생태탐방로'로 선정한 '백령 흰나래 길'이 있다. 총 9개 코스로 이루어진 이 길은 백령도 곳곳을 구석구석 누빈다. 여러 개의 길이 여행자의 선택을 기다린다. 하지만 애써 어떤 코스를 먼저 갈지 고민할 필요는 없다. 어디든 길은 통하고 하나의 길로 연결되기 때문이다. 마치 남북한도 그러했으면 좋겠다는 바람처럼 말이다.

"백령 흰나래 길은 시시각각 변하는 백령도의 아름다운 자연 생태 경관을 느끼고, 분단의 아픔에 대한 한이 배어있는 생활문화를 체험하고, 사랑과 평화에 대한 염원을 흰 새의 날갯짓에 담아 보낸다는 의미를 담고 있다."

02

끝섬전망대

끝에서 시작을 바라다

군사분계선을 머리에 인 채 최북단에 홀로 떠 있는 바다의 종착역

용기원산의 허리를 구불구불 돌아 정상에 닿으면 77개의 계단을 마주한다. 마치 분단의 힘겨운 여정을 생각하며 한 계단씩 밟고 오르라는 듯하다. 그 길 끝에 "백령 국토끝섬전망대"가 있다. 2013년 6월에 개장한 이 전망대는 북한 월래도가 한눈에 내려다보이는 섬 끝자락에 다소곳이 섰다. 전망대가 있는 용기원산은 원래 백령도에서 배를 타고 건너야 하는 또 다른 섬이었다. 백령도의 간척지 사업으로 육지가 생기면서 용기원산도 뭍의 일부가 되었다. 용기원산 정상에 우뚝 솟은 전망대에 서면 북한 땅이 한손에 잡힐 듯 안겨온다.

양쪽 바다 사잇길을 따라 산 정상에 오르면 끝섬전망대가 있다. 원래 섬이었으나 간척지 사업으로 새롭게 길이 생기면서 전망대가 세워졌다.

달빛도 두 개로 갈라지는 월래도(月乃島)

전망대에서 내려다보면 멀리 북한의 옹진반도가 병풍처럼 바다 위에 펼쳐져 있다. 한걸음에 닿을 수 있는 거리지만 중간에 잠시 쉬어가라는 듯 월래도라는 이름의 작은 섬 하나가 있다. 달래섬이라고도 부르는 이 섬은 달빛이 내린다는 아름다운 이름과는 달리 남북한 군사 긴장의 최전선이라 해도 과언이 아니다.

백령도 타격 임무를 부여받은 월래도 방어대와 제641군부대 산하 장거리포병 군부대를 김정은이 직접 현지 지도한 곳이다. 2013년 9월 4일 북한 조선중앙통신에 따르면 "김정은 제1위원장이 백령도가 지척에 바라보이는 서부전선 최대 열점 지역의 전초기지인 월래도 방어대를 시찰했다"며 "최고사령관 동지께서 '명령만 내리면 적들을 모조리 불도가니에 쓸어 넣으라'고 말했다"고 전했다. 김정은은 월래도방어대를 시찰하면서 한국군 해병6여단의 전파탐지초소와 포발견탐지기(대포병레이더), '하푼' 발사기지, 130㎜ 방사포(다련장로케트), 155㎜ 자행곡사포(자주포) 중대 등 타격대상을 소멸하기 위한 타격 순서와 '진압밀도'를 규정해줬다고 조선중앙통신은 전했다.

김정은이 백령도 타격부대인 서해 최전방의 월래도방어대를 시찰했다고 조선중앙통신이 보도했다(2013.9.4)

용기원산에 자리 잡은 국토끝섬전망대에 서면 북한의 월래도가 훤히 내려다보인다

재개장 이후 첫 방문객으로 둘러본 전망대

끝섬전망대 내부를 둘러볼 수 있었던 건 그야말로 행운이었다. 중국에서 시작된 전염병으로 온 세계가 고통에 빠진 2020년은 우리의 일상을 빼앗아갔다. 코로나 19로 일상을 뺏긴 2020년의 수많은 날 중에 끝섬전망대 역시 휴관일이 더 많았다. 3주일 동안 백령도에 머무는 중에도 끝섬전망대 문은 열리지 않았다. 그런데 모든 일정을 마치고 육지로 나가기 하루 전날, 전망대가 다시 문을 연다는 반가운 소식을 들었다.

끝섬전망대를 담당하는 박창옥 문화해설사는 휴관 기간에도 쉬지 않고 주차장 마당에서 방문객을 맞았다. 전망대가 해발 170여 미터 산 정상에 있었기에 사방에서 세찬 바람이 온몸으로 안겨 와도 문화해설사의 열정적인 안내를 막지는 못했다. 하지만 그녀의 열정에도 굳게 닫힌 전시관 출입문 까지는 열 수 없었다. 최북단 전망대의 실내는 어떤 전시물로 사람들을 맞는지 너무 궁금했다. 수개월 만에 재개장한 바로 그 날, 아침 일찍 첫 방문객이 되어 박창옥 해설사와 함께 굳게 잠겼던 출입문을 열고 안으로 들어갔다. 원래 있어야 할 자리에 당연히 왔다는 마음으로 안내를 시작하는 그녀의 목소리는 떨렸다.

끝섬전망대 내부 전시물

2층에 마련된 전시관에서 제일 먼저 눈에 띈 건 북녘을 조망할 수 있도록 유리창으로 만든 관람석이었다. 남북한 접경지역에 설치된 대부분의 전망대는 이처럼 관람석이 마련되어 있다. 스크린에 담긴 영화를 보듯, 우리의 반쪽 땅은 늘 그렇게 유리창 너머 경계선에 있었다. 관람석 앞에는 백령도를 비롯해 서해5도를 표시한 디오라마가 전시되어 있다. 시작 단추를 누르자 서해안에 그어진 NLL에 불빛이 들어온다. 가슴 아픈 경계선을 형상화한 최첨단 분단 시뮬레이션이라 해야 할까? 과거 어느 때 이런 경계선이 있었다는 유물이 아니라, 지금도 남북한이 군사적으로 대치하는 경계선에 환한 불빛이 들어오도록 만들어 놓았다. 분명 관람석 밖으로 보이는 푸른 바다에는 아무런 경계 표시가 없는데, 안내판에는 남과 북의 경계를 알리는 NLL이 선홍빛을 띠며 너무도 선명히 그어졌다. 그 선을 지키기 위해 또 얼마나 많은 이들이 목숨을 바쳤던가.

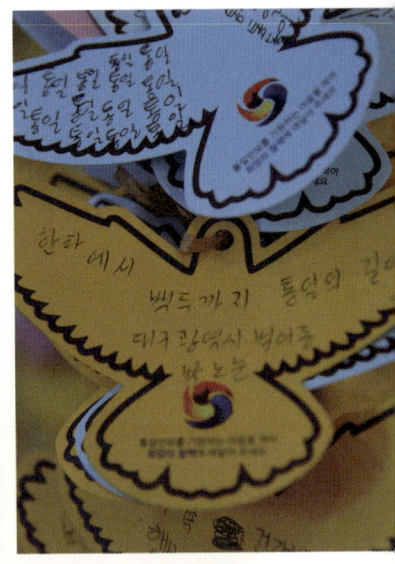

신이 남기고간 한 편의
작품 같은 섬

통일을 생각하면 가슴이 뭉클해지는 곳,
이곳은 서해의 종착역 백령도 입니다.

• **전망대 관람석에 앉아 유리벽 너머로
　볼 수 있는 땅, 갈 수 없는 반쪽 조국...**

관람석을 지나 옆 공간으로 이동하면 "통일안보를 기원하는 마음을 적어 희망의 철책에 매달아 주세요"라는 코너가 있다. 이곳을 다녀간 수많은 이들이 통일에 대한 바람을 리본에 적어 희망의 철책에 매달았다. '희망의 철책'이라 이름 지었지만, 어쩌면 그 철책이 사라지는 게 우리의 희망일지도 모르겠다.

망원경에 담긴 고향

실내에 설치된 망원경으로 멀리 북녘을 바라본다. 망원경에 안겨오는 북녘사람들의 모습이 아련한 그리움이기보다 그저 신기하게 여겨지는 것 같다. 그곳에 사람이 있음이 분명 당연할진대, "저기 사람이 있어"라며 신기해하며 놀라는 관람객의 반응이 분단의 시대를 말해주는 듯하다.

북한사람,
남한사람,
분단의 사람들에게 사람은 그저 다 같은 사람이 아니었다.

월래도 오른쪽 해상에 보이는 북한 경비정. 백령도 현지 주민들 이야기에 따르면 북한 경비정은 운항할 기름이 부족해서인지 항상 같은 위치에 정박해 있다고 한다. 그 뒤로 보이는 산에는 "청년림"이라고 쓴 선전판이 세워져 있다

백령도에서 우리 어선이 해상으로 나갈 수 있는 거리는 800m에 불과하다. 사진 아래쪽은 우리 어선이, 사진 위쪽으로는 월래도가 보인다. 그 가운데에 보이지 않는 남북한의 경계선인 NLL이 그어져 있다

사진 왼쪽은 백령도 하늬해변이고, 오른쪽은 북한 장산곶이다. 하나의 프레임에 담을 수 있을 만큼 남북한의 거리는 가깝지만 실제로는 오갈 수 없는 길이다

2장 끝섬전망대

끝섬전망대에서 바라본 북한

백령도에 머무는 여러 날 동안 하루도 빠지지 않고 끝섬전망대에 올랐다. 아침에 눈 뜨면 어김없이 창문으로 들어오는 햇살의 크기를 가늠했다. 10여 킬로미터 이상 떨어진 북한의 모습을 사진에 담기 위해서는 빛의 양은 결정적이었다. 아침나절에 비가 오면 더없이 실망하다가도, 비가 개고 오후의 따사로운 햇살이 내리쬐기라도 하면 설렘을 안고 전망대에 올랐다. 희뿌연 먼지가 빗방울에 말끔히 씻겨 환희 북녘사람들을 사진에 담고픈 바람 때문이었다.

하지만 어지간해서 백령도의 하늘은 북한 땅을 쉽게 내어주지 않았다. 구름 한 점 없는 맑은 날에도 멀리 북한 쪽 마을은 연무가 뒤덮는가 하면, 몸 하나 가누기 힘들 정도의 세찬 바닷바람은 긴 카메라 렌즈를 이리저리 요동치게 했다. 백령도에서 가장 북한이 잘 보인다는 전망대에 올라섰지만, 그보다 더 높고 가까운 곳이 있다면 기꺼이 발걸음을 옮기고 싶을 만큼 욕심은 끝이 없었다. 그렇게 한 장, 두 장 담아낸 모습 속에 북녘의 고향 땅이 조금씩 안겨왔다. 하지만 가깝지만 먼 분단 너머의 사람들은 끝내 사진에 담아내지 못했다.

가운데를 기준으로 왼쪽 모습이다. 월래도 뒤편으로 보이는 마을에 영생탑과 문화회관 건물 등이 보인다

월래도는 가운데 브이자 형태를 기준으로 양쪽 두 개로 갈라진 모양처럼 보인다. 사진 아래 월래도가 보이고 가운데 바다 건너 뒤편으로 보이는 곳이 황해도 용연군 시가지의 모습이다

가운데를 기준으로 오른쪽 모습이다

우리 해군 경비정이 밤낮으로 순찰하며 NLL을 사수한다

웅장한 산자락이 용연군을
병풍처럼 두른 듯 하다.
저 산을 넘으면 황해도 장연군에 이른다

산 가운데 유독 연둣빛으로 보이는 곳은
밭을 개간해 농작물을 심은 것으로 보인다

서

남

북

공간 속 통일

전망대 주차장에서 바라본 동서남북

끝섬전망대 주차장에서 보는 동서남북 네 방향의 전경이 참으로 다채롭다. 북쪽으로는 월래도를 포함한 북한 땅이 한눈에 들어온다. 뒤를 돌아 반대편인 남쪽을 보면 백령도의 관문인 용기포항과 멀리 사곶해변이 끝없이 펼쳐진다. 서쪽으로는 진촌리 마을과 하늬해변 그리고 동쪽으로는 망망대해 위에 외로이 선 해군 함정을 볼 수 있다. 사방 어디를 둘러봐도 그저 평온한 모습이지만 동시에 어디를 돌아봐도 군사적 대치로 인한 적막한 긴장감이 흐른다.

동

백령도에서 초망원렌즈로 바라본 월래도와 황해도 용연군

03

하늬해변
날 선 분단의 흔적과 점박이물범의 공존

끝섬전망대에서 내려다 봤던 그 해안가에 발을 디뎌보고 싶었다. 하얀 모래알이 점점이 부서지는 해변에 그토록 예리하게 날 선 쇳덩이가 박혔다는 게 믿기지 않았다. 조금이라도 가까이에서 보고자 해변으로 발걸음을 옮겼다.

용기원산을 내려와 오른쪽으로 방향을 틀면 작은 고갯마루를 만난다. 울퉁불퉁 비포장길을 느릿느릿 달리다 보면 철조망 넘어 하늬해변이 한눈에 들어온다. 하늬는 서쪽에서 부는 바람을 뜻한다. 하늬라는 예쁜 이름에 걸맞게 푸른 하늘을 그대로 받아 안은 바다는 눈부시게 푸르고 아름다웠다. 하지만 하늬해변에 가까이 다가갈수록 겉으로 보이는 아름다움과는 전혀 다른 풍경이 펼쳐졌다. 해안 출입시간을 표시한 안내판과 함께 곳곳에 지뢰 지역임을 알리는 경고판이 내걸렸다. 6·25전쟁 당시 사용되었던 지뢰인데 아직 완전히 제거하지 못해 방치되어 있다. 더 위험한 것은 지금도 북한으로부터 파도에 떠밀려 오는 목함지뢰, 나뭇잎 지뢰와 같은 유실 지뢰다. 마치 하늬해변에 출입하는 건 꼭 목숨을 담보해야 하는것 같았다.

"이 지역은 지뢰가 매설되어 있는 지역이며, 무단출입으로 인한 사고 발생 시 모든 책임은 본인에게 있습니다"라는 문구가 선명하다. 모든 책임은 본인에게 있다는 문장에는 빨간색으로 덧칠해 경고의 의미가 더 섬뜩하게 다가왔다. 예전에는 출입명부와 서약서를 제출한 적도 있었다. 하늬해변 출입은 누구에게나 쉬이 허락되는 건 아니었다.

3장 하늬해변

해안가에 설치된 용의 이빨(용치)

하늬해변은 썰물 때가 되면 분단의 생채기를 그대로 보여준다. 파도가 밀려가고 갯벌이 드러나면 물속에 잠겨 있던 용치가 그 모습을 드러내기 때문이다. 용치(龍齒, Dragon's Teeth)는 말 그대로 용의 이빨이라는 의미다. 제2차 세계 대전 중 처음으로 사용된 정사각형 또는 피라미드 모양의 방어시설로 기계화 군대를 방어하기 위해 지어졌다.

탱크나 전차의 진행을 막기 위한 용도의 군사시설인 용치가 우리의 서해 앞바다에도 놓였다. 육지뿐만 아니라 분단의 바다를 접하고 있기에 1970~80년대 서해5도 해변에 집중적으로 설치되었다. 주로 북한군의 고무보트를 이용한 해안침투를 막기 위한 용도였다. 서해5도 주변 해변에 현재 6,000여 개가 있다고 한다. 백령도에는 하늬해변을 비롯해 어릿골 해변과 사항포구 등에 설치돼 있다. 가로 2m, 세로 1m 정도의 콘크리트 구조물 위에 2.5~3m에 달하는 뾰족한 쇠말뚝이 박혀 있는 형태다. 소형 고무보트의 해상 침투를 막기 위한 용도였으니 얼마나 촘촘하게 박혔는지 틈새가 보이지 않을 정도다.

설치된 지 50여 년이 넘으면서 대부분 부식되거나 훼손되어 지금은 무용지물이다. 어업활동은 물론 경관을 해친다는 이유로 현지 주민들은 강력하게 철거를 요구 하고 있다. 하지만 수십 년째 이어지는 주민들의 요구는 여전히 공허한 메아리로 돌아온다. 흉물로 변해버린 용치를 철거하되 국가안보상 필요하다면 다른 대체시설물을 고민하는 게 필요할 것 같다. 그게 평화의 시작이다.

🔘 하늬해변에서 끝섬전망대까지

하얀 백사장은 끝이 보이지 않을 만큼 길게 이어졌다. 그 고운 해변에 깊이 박힌 용치는 마치 대포 마냥 투박하고 억셌다. 대체 얼마나 많은 용치가 이 해변에 깊이 박혔는지 확인하고 싶어 무작정 걸었다. 경계근무를 서는 군인들만 간혹 보일 뿐 하늬해변은 적막했다. 한가로운 산책과 쉼을 위한 뒤안길이 아닌 분단의 생채기를 그대로 품은 상처난 길이었다. 북한 수역과 중국어선에서 버린 쓰레기가 해안가를 뒤덮었고 용치는 바다의 일부가 된듯했다.

3장 하늬해변

지질학적 생태계의 보고

인간의 탐욕과 갈등만 아니라면 세상의 모든 자연은 참으로 아름답기 그지없다. 이곳 하늬해변도 분단의 상처만 아니라면 자연생태계의 보고라고 할 만큼 가치가 높은 곳이다. 천연기념물 393호로 지정된 '감람암포획 현무암 분포지'가 바로 하늬해변에 있다. 해안선을 따라 지름 5-10cm 크기의 노란 감람암 덩어리가 들어있는 용암층은 두께가 10m 이상이며 검은 현무암으로 이루어져 있다. 현무암은 화산이 폭발할 때 용암이 굳으면서 만들어진 검은색을 띤 바위로 제주도에서 쉽게 볼 수 있다. '감람암 포획 현무암'은 화산이 터질 때 용암이 지하에 있는 감람암을 채서 함께 분출해 굳어진 것이다. 지하 깊은 곳의 지질학적 생태를 연구하는 데 매우 중요한 자료가 된다고 한다. 하늬해변을 거닐다 보면 한쪽에는 분단의 상처가, 또 다른 쪽에는 인류의 역사를 품은 생태계의 보고가 숨어 있다. 생태관광과 안보관광의 상징적인 장소라고 해야 할까?

천연기념물 점박이물범의 쉼터

하늬해변은 멸종위기 야생동물 2급이자 천연기념물 제331호인 점박이물범의 국내 최대 서식지로도 유명하다. 우리나라와 중국에 서식하는 황해 점박이물범은 1940년대에는 8,000여 마리가 서식했다. 하지만 연안 개발에 따른 서식지 감소와 불법 남획 등으로 그 수가 많이 줄었다. 매년 200~400여 마리의 점박이물범만이 백령도를 찾아온다. 국립수산과학원 고래연구소의 자료에 따르면 연간 백령도 점박이물범 개체수는 지난 2011년 246마리 이후 계속 감소중으로 2019년에는 107마리로 관찰되었다고 한다. 회유성으로 중국 랴오둥만(遼東)에서 겨울 동안 번식과 월동한 뒤 초봄부터 무리 지어 이동하며 초겨울까지 백령도에 머문다.

하늬해변 물범바위는 해안에서 800m 정도 떨어진 곳으로 점박이물범이 가장 선호하는 자연 휴식공간이다. 점박이물범은 먹이활동을 하거나 이동할 때를 제외하고는 체온조절, 호흡 등을 위해 주기적으로 물 밖에서 휴식을 취해야 한다. 수백 마리의 물범이 휴식을 취하기에는 자연적인 공간이 좁아서 자리다툼이 끊이지 않았다. 해양수산부는 2018년 11월, 이곳 하늬해변에 최초로 섬 형태의 물범 인공쉼터를 조성했다. 자연석을 차례로 쌓아 올려 만든 물범쉼터는 수면 위에 노출되는 면적의 높이를 네 단계로 차등을 두어 밀물-썰물에 맞춰 차례로 쉼터를 이용할 수 있게 설계했다고 한다. 백령도의 '점박이물범을 사랑하는 사람들의 모임', '황해물범시민사업단' 등의 단체에서 지속적으로 관리하며 점박이물범의 보존을 위해 힘쓰고 있다.

점박이물범에 유독 관심이 갔던 것은 천연기념물이기 때문만은 아니었다. 회유성인 점박이물범의 이동 경로를 보면 북한 연안 지역이 포함된다. 남북한을 자유롭게 오가는 점박이물범이 마치 통일의 상징처럼 여겨졌다. 남북한의 군사적 대치로 NLL이 그어졌지만, 점박이물범에게 경계선은 존재하지 않았다. 하늬해변에서 바라보면 한가로이 물질하는 점박이 물범 뒤편으로 북한 땅이 훤히 펼쳐져 있다.

그런데 백령도에서 통일의 상징이라 부르고 싶은 점박이물범도 또 다른 갈등의 불씨가 되기도 한다. 중국의 무분별한 불법조업으로 인근 어장이 황폐해지는 상황에서 백령도 주민들에게는 점박이물범이 그다지 달갑지만은 않다. 하루에 먹는 물고기 양이 12kg에 달하기 때문에 어획량이 그만큼 줄기 때문이다. 또한 어민들이 설치해 놓은 어장에 들어와 그물과 통발을 훼손하기도 한다. 백령도 주민들은 먼바다는 NLL 때문에 조업이 금지되어 나가지도 못하고, 그나마 섬 인근 해안에서 겨우 조업을 이어간다. 그런데 만약 이 지역이 물범 보존지역으로 묶이면 그나마 연안 조업조차도 할 수 없다는 주장이다. 백령도 어민과 점박이물범의 관계는 자연과 인간의 공존이 무엇인지를 다시한번 생각하게 한다. 아울러 통일 이후 북한지역 개발과 보존에 대한 모두의 지혜를 미리 구하라는 듯하다.

물범바위에 점박이물범이 한가로이 쉬고 있다
그 뒤로 북한 땅이 훤히 보인다

◆

하늬해변 점박이물범

하늬해변 점박이물범은 남북을 오간다 ◆

백령도 사람들

하늬해변은 그 이름만큼이나 참으로 다양한 모습을 보여준다. 분단의 상징인 용치와 천연기념물 그리고 바다를 삶의 터전으로 살아가는 사람들이 서로 어우러진다. 백령도의 사람들은 바다의 시간을 너무도 잘 알고 있다. 바다가 삶의 현장인 사람들이 물 때에 맞춰 바다로 가는 건 어쩌면 당연하다. 하지만 그들에게는 바다의 시간뿐만 아니라 군부대의 시간도 함께 고려해야 한다. 군 작전 중이거나 해무로 시야가 좋지 않을 때는 관할 군부대에서 출입문을 개방하지 않는다. 자연과 인간이 함께 허락해야만 하늬해변에 발을 디딜 수 있다. 그리고 그 해변의 반대편은 또 다른 반쪽에 의해 허락되지 않은 땅으로 남는다.

백령도의 해산물은 양식이 아닌 모두 자연이 내어준 선물이다. 조새(쇠로 만든 갈고리로 주로 굴을 캐는 도구)를 들고 생굴을 캐는 백령도 어머니들의 손길이 매섭다. 문득 조새의 양쪽 끝에 달린 쇠 날을 보며 남북한이 떠오른 건 지나친 비약일까? 조새의 한쪽 날은 갯바위에 붙어 있는 굴을 떼어내고, 반대편 날은 굴 껍데기를 벗기는 용도로 각각 사용한다. 남북한도 이와 같지 않을까? 두 개의 날이 함께 어우러지는 조새처럼 남북한도 함께 어우러져 하나가 되어야 함을...

관광 온 외지인, 굴을 캐거나 낚시하는 현지 주민, 물범을 관찰하는 조사원 그리고 해안을 지키는 군인까지 하늬해변은 참으로 많은 것을 같은 시간에 품는다.

하늬해변에서 바라본 북한

산 정상에 위치한 끝섬전망대에서 북한 땅을 위에서 아래로 내려봤다면, 하늬해변에서는 수평선 끝에 있는 북한 땅을 볼 수 있다. 마치 한 폭의 수묵화처럼 병풍에 둘러싸인 월래도의 모습이 한품에 안겨온다. 하늬해변에 조성된 물범바위 위로 점박이물범과 가마우지가 떼 지어 자리를 차지하고, 그 뒤편으로 월래도와 황해도 땅이 줄지어 서 있다. 물범바위 뒤편으로 해군 군함이 지나가는 모습이 어우러지면 실상 어디가 남북한의 경계인지 구분하기 어렵다. 그만큼 백령도에서 남북한의 거리는 실로 한 발자국만큼 가깝다.

공간 속 통일

대한민국은 여러분을 환영합니다

해안가 곳곳에 안내표지판이 한 자리를 차지한다.
"대한민국은 여러분을 환영합니다"
인터컴을 북한말로 '부름종'이라고 표시해 두었다. 실제로 인터컴을 들어 작동이 되는지 확인해 보고 싶었지만 괜시리 군사용 장비를 용도에 맞지 않게 사용하는 것 같아 몇 번을 망설였다.

그러다 의도치 않았지만, 방송용 장비를 챙겨 다니던 가방을 해안가에서 잃어버려 부득이 인터컴을 사용했다. 매일 일정한 시간에 순찰을 다니는 군인들이 혹시 습득하지는 않았을까 하는 기대감에서였다. 수화기를 들자마자 건너편에서 들려온 군인의 첫 목소리는 "자유 대한민국에 오신 것을 환영합니다"였다.

공간 속 통일

틈새 하나조차도...

하루 만에 수로에 철조망이 새로 놓였다. 어제 이곳에 왔을 때만 해도 분명 물길은 막히지 않았었다. 몇 명의 사람들이 분주하게 작업하는가 싶었는데 그사이 철조망 더미가 겹겹이 쌓이고 자물쇠가 꼭꼭 채워졌다. 누구라도 이곳을 통해 들어오지도 나가지도 못한다. 북한을 마주한 곳에서 배수로는 물이 드나드는 곳이 아니라 사람을 막는 또 하나의 방어시설이다. 하늘길, 뱃길, 바닷길도 모두 막혀 버린 분단 조국의 길이다.

공간 속 통일

통일 횡단보도

길이 아니어도 좋다 하지 않았던가.
분단의 철조망은 누구도 오갈 수 없는 장벽을 만들었다. 횡단보도는 걷는 이에게만 허락된 자리다. 남북한 사람들이 오갈 수 있는 통일 횡단보도는 언제쯤 만들어지려나.

3장 하늬해변

04

동키부대 막사와 백령정(우물터)

군번 없는 무명의 영웅들

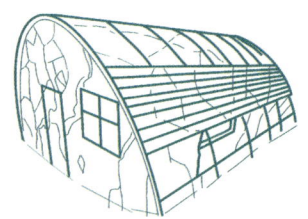

하늬해변에서 백령면 사무소가 있는 진촌리 마을 방향으로 들판 길을 달리다보면 작은 우물터 하나를 만난다. 바로 백령정이라 부르는 우물이다. 6·25전쟁 당시 동키부대 막사와 우물터가 보존되어 있다기에 꼭 가보고 싶었다. 하지만 차량 네비게이션에 표시되지 않았다. 그 흔한 도로 표지판 어디를 봐도 백령정, 동키부대 막사를 알리는 안내는 없었다. 결국 연세 지긋한 어르신 몇 분께 여쭈어 겨우 찾아갈 수 있었다.

도로 표지판 하나 없다는 게 어쩌면 당연하다고 생각 든 건 도착하자마자 현장의 모습을 보고 나서다. 동키부대 막사 주변은 오랫동안 방치된 듯 주변으로 한가득 풀이 진입로를 막고 있었다. 우물터 주변의 빛바랜 안내판 하나만이 이곳이 백령정임을 알려주었다.

동키부대는 6·25전쟁 당시 백령도로 피난 온 황해도 피난민 중에 약 천여 명의 청년들을 선발해 조직한 무장의용대다. 동키(donkey)는 대원들에게 미군이 지급한 '앵글로 9' 무전기의 발전기가 당나귀 모양과 같다고 해서 붙여진 이름이다. 국방부 군사편찬연구소가 펴낸 '한국전쟁의 유격전사'에 따르면 8240부대 산하에는 20여 개의 동키부대가 존재했다고 한다.

8240부대는 미군이 운용했던 비정규 한국군으로 1949년에 부대원 모두 38선 이북 출신으로 조직되었다. 이 부대의 별칭인 켈로(KLO)는, Korean Liaison Office의 준말이다. 미국 극동사령부 주한 연락처의 영문 머리글자를 따서 처음 창설된 후, 1951년 8240부대로 확대 개편되었고 정전 협정 후에는 미군 소속에서 우리 국방부 소속으로 이관되었다. 부대원들은 고공 침투, 국지전 수행, 첩보 활동 등 이른바 '특수전'을 펼쳐 오늘날 특

수전사령부의 모태가 됐다고 한다. 이들의 활동무대는 압록강 하구에서 강화도 하구에 이르는 서해 30여 개 섬과 구월산, 멸악산 등 황해도 내륙까지 북부 서해안 전역을 담당했다.

이들의 주요활동은 적지에서 동조자 규합, 지하조직 구축, 첩보수집과 태업, 적해안선 봉쇄 등으로 조직적이고 결사적인 유격전을 전개해 혁혁한 전과를 올렸다고 전해진다. 특히 1951년 9월 월래도 남방 500m상에 추락한 영국군 전투기 조종사 구출도 기록으로 전해진다.

하지만 이들의 눈부신 성과와 활동에 비해 당시 전투 장비와 식량 등은 턱없이 부족했다. 부대원들은 변변한 군복 하나 없이 피란 당시에 착용했던 민간복 차림이었고 군화가 아닌 짚신을 신고 유격대 활동을 했다고 전해진다. 한국군의 정규부대가 아니었기에 전쟁 후 보훈 대상에서도 제외된 무명의 용사들이었다. 심지어 미 국방성의 기밀문서가 해제되기 전까지 이들은 공식적으로 존재하지 않았다고 한다.

은퇴하신 어느 노교수님과 우연히 8240부대에 관한 대화를 나누던 중에 노래 한 곡을 알게 되었다. 1966년 KBS라디오 드라마 〈여기 이 사람들〉은 6·25전쟁 당시 황해도 멸악산유격대의 활동을 소재로 다루었다. 중학생 시절 이 드라마를 라디오로 들었다는 노교수님께서는 주제곡의 가사 한줄 한줄마다 그들의 충정이 담겼다며 이 노래를 몇 번이고 곱씹으셨다.

피란 온 청년들이 다시 총칼을 잡고 군번 없는 무명의 용사로 전쟁터에 뛰어들었다. 과연 그들이 목숨 걸고 지키려 했던 건 무엇이었을까? 그들의 충정은 여전히 서해 앞바다에 혼으로 남았건만 폐허처럼 방치된 그 흔적들 앞에 송구한 마음뿐이었다. "조국에 바치신 숭고한 뜻 영원히 기억하겠습니다"라는 구호는 그저 황량한 들판에 묻힌 지 오래인 것 같다.

"국가를 위해 죽어서도 충성하자"는 켈로 부대의 신조 앞에 다시 한번 숙연해진다.

여기 이 사람들   김상국

예성강 모진 바람 강물도 흐느낄 때
말없이 사라져간 여기 이 사람들
말하라 강물아 너는 알리라
하늘 보고 울부짖 그들의 유언들

멸악산 먹구름이 초생달 가리울 때
웃으며 사라져간 여기 이 사람들
말하라 산이여 너는 알리라
누굴 위해 사라진 젊은 넋들이여

공간 속 통일

1951년 7월 30일 6·25동란중

"1951년 7월 30일 6·25동란중"이라는 문구와 함께 "한국은 동키부대장 정용균, 미국은 패트릭대위가 건립자"로 새겨져 있다. "한미측 대표의 부하사랑과 나라사랑 그리고 백령도 주민을 위한 위민정신이 깊이 스며있는 곳"이라는 안내판이 눈에 띈다.

유엔군 백령도
주둔 부대기렴

단키 4284년 7월 30일
       1951년

4장 동키부대 막사와 백령정

05

백호부대 전적비

오월 초목 단심으로 물들인 충혼

동키부대 막사에서 다시 하늬해변 방향으로 차를 타고 약 5분만 달리면 작은 언덕 위에 비석 하나가 서 있다. 마치 북녘 고향 땅을 언제나 바라보라는 염원을 담은 듯 해안가 근처에 세워진 백호부대 전적비다. 백호부대는 6·25 전쟁 당시 황해도 장연군에 거주하던 청년들이 자발적으로 구성한 치안대 및 학도호국대가 1·4 후퇴 이후 백령도로 거점을 옮기면서 미 극동사령부 제8240부대에 편성되면서 창설됐다. 비문에 쓰인 대로 "민주, 평화와 자유경제 체제수호를 위해 몸을 던져 서해지역을 지킨" 우리들의 이름 없는 영웅들에게 다함 없는 감사와 존경의 마음을 전해드리고 싶다.

백호부대 전적비 옆에는 망향비가 세워져 있다

비문

여기 최북단 백령도
심청각 능선에 돌 조각 옮겨 세우니
이는 천만년을 이어갈 역사의 푯말이다

서해지역의 요충 백령도는 남북을 잇는 관문이다.
여기에 공산군의 한국전 발발 3년, 극동사령부 제8240소속 백호부대는 민주,
평화와 자유경제 체제수호를 위하여 몸을 던져 서해지역을 지켰다.

이 백호부대 전적비는 고혼을 안은 채 통일의 그 날을 지켜볼 것이다.

크고 작은 작전에 산화한 전사자들의 넋을 기리고 비릿한 바다 내음,
세찬 바람결에 우뚝 솟은 이곳 백령도를 비롯한 서해 5도서를 지켜내지 않았으면
어찌 향토와 청봉이 있으리오.

그 때 이 산천에 선혈을 뿌린 백호전사의 이름을 일일이 적지 못하나
나라와 겨레를 위해 한 몸 바친 젊은이의 넋이 여기 세워 있으니,
이에 여기를 찾는 사람들은 먼저 이들 앞에 고개 숙일 일이다.

백호전우여! 영원하라...
오월 초목 단심으로 물들인 충혼
이 돌과 더불어 길이 남으리라.

2005년 11월 21일
한국 유격군 백호부대 전우회

김일성 장군의 노래

전적비에 앉아 먼 산을 바라보시던 한 어르신이 생각난다. 6·25전쟁 당시 9살이었다던 어르신은 북한군이 백령도를 점령했을 때를 한평생 지나도록 또렷이 기억하고 계셨다. 전쟁통에 먹을 게 없어 굶주리던 아이들을 북한군은 모두 학교로 불러모았다. 그리고 거기에서 어떤 노래를 가르치며 부르도록 했다고 한다. 바로 '김일성 장군의 노래'라는 제목의 곡이다. 이 노래는 1947년에 발표된 북한의 군가로 애국가보다 더 많이 불렸다고 할 만큼 북한에서는 대중적인 곡이다. 전쟁 당시 북한군이 아이들에게 이 노래를 부르게 했다는 내용은 조정래의 소설 <태백산맥>에서도 언급된다. 어릴 때 배운 노래를 팔십 평생을 살아온 지금까지도 잊지 않고 또렷이 기억하는 게 그저 놀랍고 섬뜩하기까지 하다.

김일성 장군의 노래

장백산 줄기줄기 피어린 자욱
압록강 굽이굽이 피어린 자욱
오늘도 자유조선 꽃다발 우에
력력히 비쳐 주는 거룩한 자욱
아~ 그 이름도 그리운 우리의 장군
아~ 그 이름도 빛나는 김일성장군

공간 속 통일

차라리 아니 세움만 못 하리요

국가보훈처 현충 시설로 관리한다는 백호부대 전적비 안내판이 보인다.
그런데 내용을 읽다 보니 아무래도 이상하다. 비문을 그대로 옮겨본다.

"나라와 겨레를 위해 한 몸을 초개와 같이 바친 젊은이의 넋과 뜻(**나라와 겨레를 위해 한몸을 초개와 같이 바친 젊은이의 넋과 뜻**)을 기려 이곳에 전적비를 세우게 되었다"

전적비 안내판의 내용 중 일부

세월이 흘러 페인트칠이 벗겨지고 빛바랜 글씨를 봐도 마음이 아픈데 무려 한 문장이 중복된 오류다. 이런 안내판이라면 차라리 아니 세움만 못하지 않을까?

5장 백호부대 전적비

06

심청각

인당수의 전설도 분단 너머

진촌리 마을을 가로질러 언덕을 오르면 2층 구조의 누각이 있다. 심청전의 전설을 품은 백령도에 관광, 문화, 예술 관련 산업을 발전시키기 위해 1995년부터 1999년까지 총 29억 원을 투입해 건립한 심청각 건물이다. 심청전에서 심청이 바다에 몸을 던졌다는 인당수는 바로 백령도와 북한 장산곶 사이를 말한다. 인당수를 비롯해 백령도는 심청전의 무대다. 심청이 연꽃을 타고 살아났다는 연봉바위, 심청이 타고 온 연꽃이 해안에 밀려왔다는 연화리 등 심청전의 전설과 일치하는 장소가 많다. 심청각에 오르다 보면 길가 담벼락에 심청전과 관련한 벽화를 그려놓을 만큼 애정이 각별하다.

심청각 언덕 위 탱크는 북쪽을 향한다

6장 심청각

심청각으로 들어서면 심청전 모형, 효와 관련된 설화, 연꽃잎에 담는 소원 기념스탬프 등이 1층에 전시되어 있다. 2층에는 옹진군의 역사와 인당수의 슬픔을 간직한 백령도 절경, 백령면의 먹거리와 특산물, 외부 전망대가 보인다. 굳이 심청각 2층 외부전망대가 아니더라도 심청각 주변 그 어디에서도 북한 땅을 훤히 내려다 볼 수 있다.

북한 장산곶과 심청각 사이의 인당수

하지만 심청각에서 북한 장산곶 앞에 있다는 인당수를 바라보며 눈먼 아비를 위해 바다에 몸을 던진 효녀 심청을 떠올리지 못했다. 필자에게는 그 인당수가 닿을 수 없는 분단의 바다 너머에 있다는 사실이 먼저 다가왔다. 심청의 애환 어린 눈망울은 분단의 아픔과 한을 지닌 오늘날 우리처럼 애잔한 슬픔으로 보였다.

인당수에 몸을 던진 분단의 사람들

심청각을 지키는 토박이처럼 매일 아침이면 어김없이 심청각 주차장에서 관광객을 맞는 한 사람이 있다. 바로 박찬교 문화관광해설사다. 그를 통해 인당수에 얽힌 분단의 비극을 들을 수 있었다. 백령도는 원래 홍어잡이로 유명했다고 한다. 홍어 하면 흑산도를 떠올리지만, 홍어의 절반 이상이 백령도에서 내려간다고 말한다. 특히 북한의 초도라는 섬은 홍어의 주산지였다. 홍어잡이는 홍어의 습성을 이용해 낚시를 설치해 두고 하루 두 번 물때를 맞추어 잡는 방식이다. NLL을 넘어 북쪽으로 조금만 올라가면 홍어를 많이 잡을 수 있어서 우리 어선들이 수시로 넘어가던 때가 있었다. 그때만 해도 밤낮없이 수시로 나가 조업을 했다. 그런데 1970년 7월 9일, 북한이 우리 어선을 나포하는 안타까운 사건이 발생했다. 당시 북한 경비정이 20노트 속도였다면 우리 어선은 3노트에 불과했다. 이 과정에서 우리 어선에 타고 있던 어부 4명이 인당수에 투신했다. 현재 두무진 연화3리 1062번지에 위령탑이 세워져 있다. 1979년에 세워진 위령탑 비문에는 '북괴', '반공정신', '자유대한', '반공 투사' 등의 용어가 있다. 반공을 국시로 삼고 남북한이 크고 작은 군사적 충돌로 첨예하게 대치하던 냉전시대의 모습을 그대로 보여준다. 하지만 한반도의 냉전은 아직 끝날 줄 모르고 분단의 사람들은 여전히 아프기만 하다.

반공희생자 공동 위령비 비문

1970년 7월 9일 23시경 군사분계선 남쪽 4마일 해상에 갑자기 나타난 북한괴뢰함정은 평화롭게 고기잡이를 하던 우리 어부들에게 발포를 가하면서 어선들을 북으로 나포해 갔다. 이 때 북괴에 잡혀가지 않기 위해 필사의 노력으로 뱃줄을 끊고 도망하려던 최상일은 저들의 총탄에 맞아 사망하고 장춘빈, 민경신, 변호신, 사명남 등 4명은 북괴로 끌려가기 보다는 차라리 죽음으로 항거하겠다고 귀중한 생명을 바다에 던짐으로써 반공 정신의 투철한 면을 보여주다.

이러한 사연은 9개월간이나 강제로 북괴로 억류되었던 동료 어부들이 자유 대한의 품으로 귀환함으로써 알려지게 되었다. 이에 백령도 어업협동조합(조합장 장익보)에서는 이들의 용감한 반공 정신을 기리기 위하여 1971년 두무진 분교 옆산에 반공 희생자 합동위령비를 건립하다. 반공희생자 합동위령비가 설명 비문도 없이 세워졌던 것을 안타깝게 여긴 장익보 옹은 사재를 희사하여 안내 비문과 함께 이전토록 하다. 이 비문의 건립으로 많은 사람들이 반공 투사들의 정신을 흠모하고 잠든 영혼을 위로하는 동시에 후학들이 반공 정신의 귀감으로 본받게 되기를 기원하다.

1979년 12월 31일 유격 재건 위원회 회장 김순호

이 사건이 발생한 이후로 800m 해상 밖으로 나가지 못하도록 통제하고 야간 조업도 금지되었다. 백령도에서의 홍어 잡이는 더 이상 이루어지지 않았다. 우리 어선이 조업을 하지 못하는 지역을 지금은 중국어선이 모두 독차지했다. 중국어선이 군사분계선을 넘어오면 우리 해군 경비정이 출동하지만 군사적 조치는 취하지 못하고 그저 경고방송 정도다. NLL이 7km라 해도 우리 군함이나 경비정이 접근할 수 있는 거리는 훨씬 전이기 때문이다. 중국 산동반도에서 백령도까지 190km정도 거리이니 15노트 속도로 달리면 10시간이면 닿을 수 있는 거리라고 한다. 중국어선이 마치 자신들의 영해처럼 마음놓고 드나들어도 그저 멀리서 지켜볼 수 밖에 없는 분단의 바다는 오늘도 일렁인다.

심청각에 오르는 길 옆으로 6·25전쟁 당시 사용했던 동키부대 폐막사가 방치되어 있다

심청각에서 바라본 월래도

백령도 북쪽 해안가 어디서나
불법조업중인 중국어선을 볼 수 있다

공간 속 통일

70년 세월에도 이루지 못한 귀향

2020년 추석날 아침, 아무도 찾지 않는 심청각에 올랐다. 추석을 보내는 북녘 주민들의 모습을 망원렌즈로나마 담고자 하는 바람으로 발걸음을 서둘렀다. 하지만 닿을 수 없는 거리는 아득히 멀었다. 희뿌연 안개가 분단의 장막처럼 북녘땅을 가려 희미한 실루엣처럼 보일 뿐이었다. 추석 명절, 고향을 그리는 이들에게 그나마 백령도는 고향 땅에 조금이라도 더 가까이 갈 수 있는 위안이었다.

그 때 한눈에 봐도 연세가 지긋한 어르신 한 분이 부축을 받으며 조심스럽게 차에서 내리셨다. 아무말 없이 그저 멀리 북한 땅만 바라보셨다. 엄숙함마저 감돌며 한동안 그렇게 말이 없으셨다. 조용히 다가가 함께 오신 분께 조심스레 말을 건넸다. 추석날이라 작은아버지를 모시고 심청각에 올랐다는 그는 자신의 아버지와 삼촌들이 모두 황해도 용연군이 고향이라고 말했다. 아버지는 연세가 많으셔서 거동하지 못하시고, 추석날이라 작은아버지를 모시고 고향 땅을 보여드리기 위해 심청각에 올랐다고 한다. 그는 작은아버지의 이야기를 들려주었다. 올해 91살이신 임봉철님은 6·25전쟁 때 동키부대원으로 참전했다. 직접 배를 운전해 부대원을 육지로 상륙시키는 게 주 임무였다고 한다. 당시 교전 중에 오른쪽 다리에 총상을 입었다. 전쟁이 끝나고 이제나저제나 돌아가리라 기대했던 세월이 무려 70년이 넘었다. 멀리 고향 땅을 무심히 바라보시던 어르신의 눈가에 결국

눈물이 그렁하다. 70여 년 세월의 그리움과 애환이 고스란히 전해온다. 깊이 팬 주름 위로 전쟁의 상흔은 아직 그대로 남았다. 진심으로 감사한 마음을 전해 드리고 싶었다. 전쟁 당시 총상까지 입으시고 아흔 살이 넘은 연세에 귀가 잘 들리지 않으시지만 고향을 바라보시는 눈빛만은 또렷했다. 그분을 향해 큰 소리로 전해드렸다.

"어르신이 계셔서 오늘의 우리가 있습니다. 정말 고맙습니다"

공간 속 통일

들꽃 위에 핀 군사 경고문

군사제한구역. 허락되지 않은 자는 함부로 들어가서는 안 되는 곳이 분단국가의 일상에서는 그리 낯설지 않다. 더욱이 북한과 불과 수 킬로미터에 인접한 군사요충지 백령도에서는 어디를 둘러보아도 군 경계시설이다. 북한 지역을 겨냥하며 설치된 155밀리 평사포의 포신은 가림막으로 가려 놓았다. 빨간색 군사경고판 위에도 들꽃은 어김없이 피었다. 전쟁의 포화만 아니라면 계절에 따라 피고 지며 대지를 노래할 것이다.

서로 다른 방향을 바라보는 시선

심청각에 세워진 효녀 심청 동상이 인당수를 바라본다. 두 개의 망원경이 서로 다른 방향을 보고 있는 게 마치 지금의 남북한을 닮았다. 지금 우리는 무엇을 바라보고 있는지...

해당화 곱게 핀 심청각에서 북한 장산곶을 내려다본다

6장 심청각

07 고봉포구와 사자바위
배 이름에 새겨 넣은 고향

바다는 백령도 사람들의 억척스러운 삶의 현장이다. 북한땅과 불과 지척을 사이에 둔 최북단 바다는 여느 바다와는 전혀 다른 풍경으로 다가온다. 고봉포구는 야간이면 현지 주민들까지도 출입이 통제된다. 쇠창살에 굵은 철조망이 채워지고 초소에는 군인들의 삼엄한 경계가 온밤 내내 이어진다.

고봉포구의 낮은 일명 사자바위를 보기 위해 백령도를 찾는 관광객으로 분주하다. 사자가 포효하는 듯한 형상의 사자바위 뒤로 보이는 곳이 북한 장산곶이다. 북한을 마주한 포구는 낮과 밤의 색깔을 바꿔 놓는다.

백령도의 배 이름에 담긴 마음들

분단의 생채기를 그대로 품은 바다도 돌아서면 치열한 삶의 또 다른 모습이다. 동터오는 새벽녘, 통통거리는 뱃전의 엔진 소리는 잠든 백령도 바다를 깨운다. 해가 지면 허락되지 않은 바다이기에 태양 가득한 한낮에 모든 열정을 쏟아 낸다. 분단의 최전선에서 오늘도 바다를 누빌 뱃머리에 그들의 소망이 오롯이 담겼다. 백령도 배 이름에 저마다 북녘을 새겼다. 죽어서도 가고픈 고향 땅의 이름들을...

사자바위 뒤로 북한 장산곶이 보인다

통일호 선장님을 꼭 한번 만나뵙고 싶다

7장 고봉포구와 사자바위

7장 고봉포구와 사자바위

08

어릿골 해안
베를린 장벽보다 더 견고한 철조망 장벽

백령도의 해안가는 언제나 드나들 수 있는 곳이 아니다. 곳곳에 높다란 철조망과 장벽이 세워져 허락된 통로로만 연결된다. 분단의 바다에 이르는 마지막 비상구라 할까? 특히 북한과 해안을 직접 마주한 백령도 북쪽 지역 해변은 더욱 경계가 삼엄하다. 사자바위가 있는 고봉포구를 지나 구불구불 산길을 내려오면 아득히 펼쳐진 해안이 보인다. 어릿골 해안이라 부르는 이곳 역시 군에서 관리하는 통문으로만 출입할 수 있는 곳이다.

통문으로 들어가 바다 쪽이 아닌 뒤를 돌아보는 순간 깜짝 놀랐다. 마치 타임머신을 타고 시간여행을 떠난듯한 착각이 들었다. 해안가에 높이 선 콘크리트 장벽도 모자라 그 위에 철조망으로 또 벽을 덧입혔다. 철옹성 같았던 베를린 장벽도 무너진 지 30년이 지났건만 백령도 해안에는 그보다 더 견고한 철조망 장벽이 서 있다. 파도가 밀려드는 해안가에는 날카롭게 날 선 용치가 앞을 막고, 뒤를 돌아서면 육중한 콘크리트 장벽에 갇힌 형국이다.

해안가 앞으로는 날 선 용치가, 뒤로는 장벽이 철옹성처럼 서 있다

8장 어릿골 해안

075

8장 어릿골 해안

공간 속 통일

해안가에 떠밀려 온 북한쓰레기

어릿골 해안을 자주 가다 보니 이른바 현지인들만 안다는 비밀의 장소(?)를 알게 되었다. 해안으로 들어가는 통문 앞에 분명히 차량은 여러 대 주차를 해 두었는데 해안가 어디에도 사람의 모습은 보이지 않았다. 몇 번을 그렇게 사람의 흔적을 찾지 못했다. 궁금증에 못 이겨 아침 일찍 해안에 도착해 현지인이 오기를 기다렸다가 뒤쫓았다. 해안가에서 보면 분명 절벽으로 막힌 길이었는데 그 사이로 조그만 길이 나 있었다. 갯바위 몇 개를 넘어가자 또 다른 해안이 하나 펼쳐졌다. 사실 이 책에서 소개하지 않고 나만의 아지트로 남겨둘까 하는 마음도 있었다. 그만큼 한적하고 평안한 느낌이 드는 곳이었다.

이곳을 소개하지 않으려 했던 또 하나의 이유는 바로 이곳이 필자에게는 보물창고였기 때문이다. 서해5도 해변 어디나 바다에서 밀려온 쓰레기로 몸살을 앓는다. 특히 중국어선에서 버린 생활쓰레기는 자연훼손은 물론 바다 생태계에도 심각한 영향을 미친다. 그런데 바로 그 쓰레기 더미에서 북한 쓰레기를 발견했다. 쓰레기가 뭐 대수냐 하겠지만 북한상품을 입수하기 위해 중국, 러시아 등으로 돌아다닌 것을 생각하면 그야말로 보물창고나 다름없었다. 희귀하면서도 중요한 연구자료로 충분히 활용가치가 있었다. 처음에는 한두 개 정도 있으려니 했는데 그 종류나 양이 제법 많다. 이곳 백령도에서 북한 쓰레기를 발견한 이후, 서해5도 전 지역으로

북한쓰레기를 줍기 위해 돌아다녔다. '서해5도에서 북한쓰레기를 줍다'라는 주제의 책으로 곧 세상에 선보이려 한다. 현지인들만 간다는 그 비밀의 장소를 알게 된 건 백령도가 준 또 다른 선물이었다.

공간 속 통일

장벽에서 핀 애틋한 사랑

콘크리트 장벽에도 꽃이 피었다.
애틋한 사랑은 분단의 장벽도 녹여낼 수 있음을…

8장 어릿골 해안

8장 어릿골 해안

09

사항포구

삶의 터전과 지뢰밭의 경계

어릿골 해안에서 차를 타고 해안을 따라 달리다 보면 한적한 포구를 만난다. 무심히 지나치면 포구 방향으로 내려가는 샛길을 놓치기 십상이다. '사항포구'라고 쓰인 간이 표지판 하나를 보고 이곳이 포구임을 알 수 있을 정도로 길은 좁고 가파르다. 사항포구는 용기포 구항, 고봉포구와 함께 해가 지면 출입할 수가 없는 곳이다. 배가 드나드는 항구지만 철조망 쳐진 통문은 밤이 되면 굳게 닫힌다.

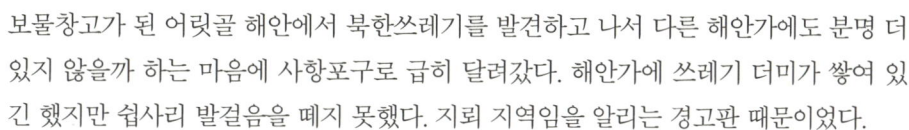
다음 이동 장소인 백령도기상대 건물이 산 정상에 보인다

보물창고가 된 어릿골 해안에서 북한쓰레기를 발견하고 나서 다른 해안가에도 분명 더 있지 않을까 하는 마음에 사항포구로 급히 달려갔다. 해안가에 쓰레기 더미가 쌓여 있긴 했지만 쉽사리 발걸음을 떼지 못했다. 지뢰 지역임을 알리는 경고판 때문이었다.

백령도 특산물인 까나리액젓을 담그기 위한 용기가 항구에 가득 쌓였고, 그 너머로 쓰레기가 밀려와 수북이 쌓여 있었다. 분명 그 쓰레기 더미를 뒤져 북한쓰레기를 더 찾아보고 싶었다. 하지만 다른 지역의 지뢰경고판과는 달리 사항포구의 경고판은 그야말로 섬뜩하리 만큼 무섭게 다가왔다. '지뢰'라는 두 글자 외에 해골이 선연하게 그려져 있었다. 삶의 현장과 지뢰밭이 생과 사를 정확히 가르는 경계처럼 그 누구도 접근할 수 없도록 막아섰다. 사항포구는 백령도 해안가 중 경고판의 위엄에 짓눌려 유일하게 들어가지 못한 곳이 되어버렸다.

누군가는 깨어 온밤 내내 이 바다를 지킨다

9장 사항포구

10

백령도 기상대

한반도 날씨예보의 첨병

백령도에서 가장 북쪽에 위치한 두무진을 향해 가다보면 높은 고갯마루를 지난다. 멀리서도 한눈에 보일만큼 하얀색 돔 모양의 특이한 건물이 산 정상에 우뚝 서 있다. 마치 군에서 운영하는 레이더기지처럼 보이지만 다름 아닌 백령도기상대 건물이다. 이 곳은 백령도에서 군 GP를 제외하고 민간인이 오를 수 있는 가장 높은 지역이다. 자동차의 엔진소리가 순간 커질 만큼 경사가 가파른 오르막길이다. 산 정상에 오르는 길은 물론 기상대 마당에 서는 순간 사방으로 탁 트인 전망에 감탄사가 절로 나온다.

서해 최북단 백령도는 중국 대륙에서 이동하는 비구름과 강풍, 황사 등의 기상 요인을 가장 먼저 받아내는 지점이다. 기상청 자료에 따르면 백령도의 연중 평균 안개일수(2001~2014년)는 105일, 비가 오는 날은 137일에 이른다. 반면 강수량은 825mm로 서울(1450mm), 인천(1234mm) 등 여타 중부지방에 비해 낮은 편이다. 습기를 머금은 대기가 직접 강수 등의 영향을 미치기 전에 예측해낼 수 있는 최적의 지점이라는 뜻이다. 백령도에서 감지한 기상 정보를 얼마나 신속하고 정확하게 분석하느냐에 따라 백령도 주민들은 물론 인구의 절반이 밀집한 수도권에서 입을 피해를 미리 막아낼 수 있다고 한다. 이러한 기상학적 중요성으로 인해 지난 2001년 2만 3361m² 부지에 백령도기상대가 세워졌다.

백령도 기상대의 상징인 하얀색 돔은 국내 최초로 도입된 '이중편파 레이더'를 보호하기 위한 용도다. 기상레이더는 대기 중으로 전파를 발사해 비와 눈, 우박 등에 부딪혀 돌아오는 반사신호로 비구름의 위치와 강도, 이동 방향을 등을 분석한다. 1969년 서울 관악산에 처음 설치된 이래 우리나라의 기상레이더들은 수평 방향으로만 전파를 내보낼

수 있는 기종이었다. 그러나 백령도기상대에 설치된 이중편파 레이더(S-밴드)의 경우 수직과 수평 방향으로 모두 전파를 내보낸다. 한 방향으로 신호가 나갈경우 대기 중 입자의 폭만 알 수 있는 반면, 수직과 수평 신호를 함께 내보내면 너비와 높이를 함께 알 수 있다. 따라서 단일편파 레이더에 비해 효과적으로 비나 우박, 안개 등 대기 중 입자의 형태를 구분해낼 수 있어 예보의 정확도를 높일 수 있다. 물론 30억 원에 이르는 설치비용을 따지면 과연 효과성이 있느냐는 지적도 있지만 정확한 날씨 예보를 통해 피해를 미리 막는다면 그 보다 훨씬 더 큰 이익이 되지 않을까.

날씨예보의 정확성을 높이기 위한 노력은 최근 북한의 기상국에서도 관심 있는 분야다. 북한에서 육안으로도 식별이 가능할 만큼 높은 곳에 우뚝 선 돔 모양의 건물을 북한주민들은 무엇이라고 생각할지 궁금해진다. 같은 하늘 아래 같은 바다를 마주하며 날씨마저 각각 다른 예보로 이루어져야 할까? 남북한 교류협력 차원에서 기상예보를 공유하는 날을 기대해 본다.

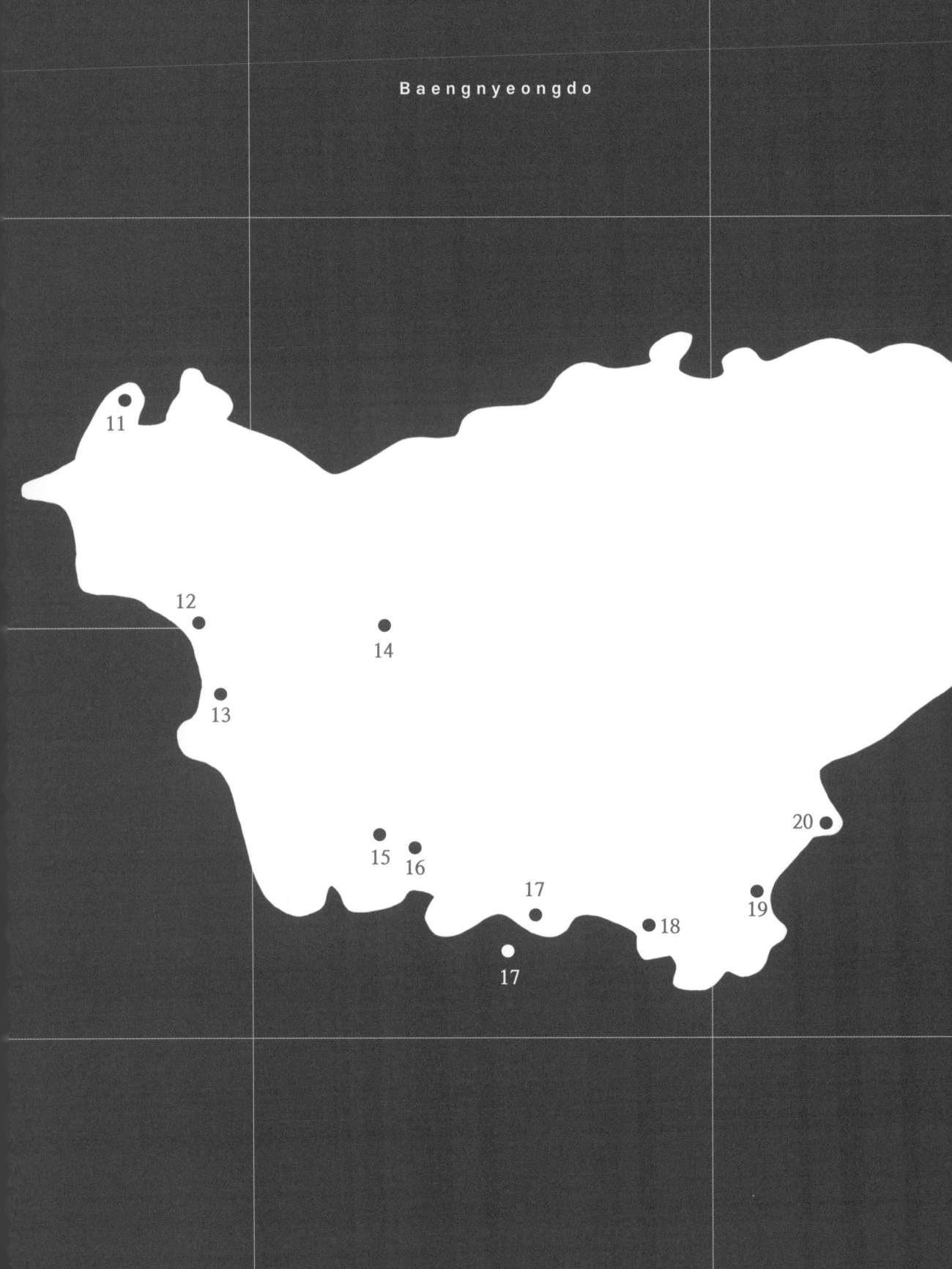

2부

Chapter 2

11	두무진	늙은 신의 마지막 작품과 통일기원비
12	故 임현상 소령 추모비	'진정한 해병'이라는 표어
13	천안함 46용사 위령탑	772함 수병은 귀환하라
14	가을리	쟁기로 갯벌을 갈다
15	중화동교회	황해도 소래교회에 이은 두 번째 교회
16	백령 식수원 댐	담수호 둘레길을 걷다
17	장촌포구와 용트림바위	분단의 바위를 깨뜨릴 통일의 바람과 공기
18	연화리 해병대 상륙작전훈련소	차갑고 시린 분단의 날들
19	콩돌해안	파도에 깎이고 부서진 인고의 세월
20	사진찍기 좋은 녹색명소	대형 한반도 지도에 새겨진 경계선

11

두무진

늙은 신의 마지막 작품과 통일기원비

◉ **두무진항**

백령도 안에서도 제일 북쪽에 위치한 두무진은 황해도 서쪽 끝인 장산곶과 불과 12km 거리를 마주한다. 두무진항에 정박 중인 배에 오르면 장산곶이 한눈에 보일 만큼 가깝다. 포구에 차를 세워두고 늙은 신의 마지막 작품이라는 두무진을 향해 걸음을 재촉한다. 항구에서 두무진 정상까지 거리는 약 1km 정도지만 조금 가파른 산길을 걸어야 한다. 북한과 가장 가까운 항구라는 긴장감보다는 여느 관광지처럼 깨끗하게 정비된 횟집이 줄지어 늘어섰다. 두무진항 식당은 대부분 직접 잡아 온 고기를 횟감으로 내어놓는다. 풍랑이 일어 조업을 하지 못하는 날이 길어지면 수족관이 텅 비게 된다고. 횟집 상호가 전국을 다 모아 놓은 듯하다. 경기횟집, 인천횟집, 강원횟집, 충청도횟집, 호남횟집 그리고 장산곶횟집, 해당화횟집…

바다 위에서 두무진 절경을 감상할 수 있는 백령도유람선은 물론 해병대 순찰선이 정박하는 선착장 역할도 두무진항의 몫이다. 북한과 너무 가까워서일까? 뱃머리에 나부끼는 태극기가 유독 크고 선명하게 다가온다.

두무진

◆ 장산곶을 바라보는 두무진

통일로 가는 길

나무로 연결된 바닷길이라고 해야 할까? 두무진항 초입에서 시작되는 나무데크 길은 마치 새로운 세상으로 들어가는 비밀의 통로 같다. 태곳적 신비를 간직한 두무진 바위를 보려면 이 정도 길쯤은 걸어야 한다는 통과의례일까? 산과 바다가 어우러지고 바위 터널이 빚어내는 아름다운 길에 흠뻑 취해 가다 보면 '통일로 가는 길'이라 쓰인 비석이 보인다.

백령도에 근무하는 해병대 장병과 주민들의 통일 염원을 담아 1995년에 세우고 '통일로 가는 길'이라고 이름 지었다고 한다. 통일로 가는 길은 '대한민국이 가야 할 과거와 오늘과 내일의 길 그리고 세계로 가는 길이 되리라'는 문구가 잔잔한 감동으로 다가온다. 길에서 보이는 비석 정면만 보고 그냥 지나치기 쉬운데 비석 뒷면의 작품도 꼭 담아 가기를.

통일(統一)로 가는 길

민족의 자존심 백령도!
이 섬에 겨레의 소망, 통일의 길이 열리리라
통일로 가는 길은 대한민국이 가야 할 과거와 오늘과 내일의 길이요
세계로 가는 길이 되리라

1995년 7월 28일
해병대 흑룡부대 장병 일동

두무진 정상까지는 가파른 계단과 산길을 걸어야 닿을 수 있다. 이 길은 해안 경계를 하는 해병대 장병들의 순찰로이기 때문에 길옆으로 나란히 참호가 있다.

통일로 가는 길

11장 두무진

통일기원비

통일기원비

가뿐 숨을 내쉬며 잠시 쉬어가고 싶을 때 쯤이면 산 정상에 거의 이른다. 그곳에서 대형 태극기와 위용 있게 선 비석 하나를 보게 된다. 두무진항에서 바라봤던 바로 그 태극기다. 두무진 입구에서 본 '통일로 가는 길' 비석과 함께 통일기원비 역시 해병대 흑룡부대 장병들의 이름으로 1992년 5월에 세워졌다. 30여 년이 넘는 세월 동안 한 자리에서 백령도를 지키며 대한민국을 수호한 헌신이 비석에 고스란히 담겼다. 비문에 새겨진 글귀를 천천히 읽어본다.

> **통일기원비**
>
> 조국의 허리가 잘려 지내온 지난 반세기는
> 온 민족의 아픔으로 점철된 각고의 세월이었습니다
> 이산가족과 실향민들의 피맺힌 절규는 모든이의 눈시울을 적시었고
> 민족의 하나됨을 외치는 함성은 지금도 이땅을 진동시키고 있습니다
> 우리 이곳에
> 온 겨레의 간절한 소망과
> 뜨거운 해병대의 혼을 담은 통일기원비를 세워
> 영광된 통일조국의 그 날을 기원하고자 합니다
>
> 1992년 5월 28일
> 해병대 흑룡부대 장병 일동

비문에 새겨진 글귀처럼 '이산가족과 실향민들의 피맺힌 절규'는 지금도 여전하다. 오히려 신이산가족이라 불리는 탈북민들의 아픔이 더해졌다. 통일조국의 그 날은 여전히 먼 미래처럼 아득하다.

분단을 닮은 형제바위

통일기원비를 지나 마치 천상으로 가는 길처럼 예쁜 오솔길을 조금만 올라가면 두무진 전망대에 이른다. 세상 어떤 감탄사를 더해도 두무진의 비경을 다 표현하기는 어려울 것 같다. 두무진의 기암괴석이 한눈에 내려다보이는 전망대에 선 순간 깊은 탄성이 절로 쏟아진다. 자연의 경이로움앞에 그저 숙연해질뿐이다. 국가명승지 제8호로 지정된 두무진은 옹진군 백령면 연화리에 속한다. 수억 년 동안 파도에 의해 만들어진 해안절벽이 병풍처럼 둘렀고, 기암괴석이 바다 위에 솟아 마치 금강산 만물상과 비슷해 서해의 해금강이라고도 불린다. 모양에 따라 코끼리바위, 장군바위, 신선대, 선대바위, 형제바위 등 온갖 모양이 조각된 바위가 서로 조화를 이룬다. 특히 선대바위는 1612년 백령도로 귀양을 온 이대기가 〈백령도지〉에서 "늙은 신의 마지막 작품"이라고 극찬했을 정도로 그 절경을 자랑한다. 산림이 울창한 곳이라 두모진(頭毛津)이라 했으나, 러일전쟁 때 일본의 병참기지가 생긴 후로 두무진(頭武津)으로 바뀌었다고도 한다.

하지만 하염없이 아름다움에 감탄만 할 수는 없었다. 아름다운 절경이 우리를 반기지 않는 것은 지금 선 자리가 바로 분단의 끝자리이기 때문이었다. 수평선 끝에 보이는 황해도 장산곶이 분단된 허리가 아니라면 두무진은 자연의 장엄함을 보는 최고의 장소다. 눈앞에 보이는 산허리가 닿을 수 없는 분단의 땅이라는 점을 되새기면 두무진의 절경은 비수처럼 쓸쓸한 여운을 남긴다.

그래서일까? 두무진의 여러 바위 중에서도 유독 형제바위가 눈에 띄었다. 똑같은 모양의 바위 두 개가 바다 위로 솟았다. 어떻게 보면 다정하게 마주 보지만 또 한편으로 등을 돌린 모습으로도 보인다. 마주하고 선 두 개의 바위, 그리고 부술 듯이 몰아치는 세찬 파도. 남북한도 지금 이런 모습일까?

형제바위

구슬픈 분단의 애환도
경계너머 사람들에게
훈훈한 정으로 전해지리라.
목자의 심정으로
사랑해줄 통일의 사람들 여기 있기에...

다정히 마주한, 아니면 차갑게 등돌린...

수억년 세월이 빚은 천연동굴과 해안 경계선

두무진 전망대에서 해안가로 난 계단을 따라 내려가면 수십 폭의 바위기둥이 병풍처럼 둘러싼다. 바다와 맞닿은 바위 아래는 수 억년 세월동안 파도가 깎아 만든 천연동굴이 있다. 마치 세상과 격리된 미지의 장소처럼 신비롭기까지 하다. 하지만 인간의 탐욕과 이기심은 이곳을 쓰레기장으로 만들어 버렸다. 파도가 밀려와 더 이상 나갈 곳이 없으니 바다의 모든 쓰레기가 이곳에 닿는다. 이곳에도 "대한민국은 여러분을 환영합니다"라고 쓰인 표지판이 한켠에 자리하고 있다.

두무진에서 바라본 북한 장산곶

두무진에서 바라보는 북한 장산곶은 시간에 따라 전해오는 풍경이 다르다. 일명 「장산 곶타령」이라고도 부르는 몽금포타령의 한 구절이 생각난다. 통일의 임은 언제쯤 만날 수 있으려나?

> 장산곶 마루에 북소리 나더니
> 금일도 상봉에 임 만나 보겠네
> 에헤요 에헤요 에헤요 임 만나 보겠네

두무진 해안절벽에는 북한 장산곶방향을 조준하던 대포진지가 그대로 남아 있다

공간 속 통일

무엇을 담고 싶었던 걸까?

세찬 파도가 금세라도 바위를 덮칠 것 같이 바람이 몹시도 부는 날이었다. 마치 이런 날을 기다리기라도 했다는 듯 바위 위에 자리를 잡고 앉은 어느 사진가를 바라본다. 오랜 기다림에 수없이 카메라 셔터를 누르지만 아직 기다리는 그 무엇인가를 담지는 못한 듯 하다. 시간은 계속 흐르고 바람은 더욱 거세지만 그 자리를 떠날 줄 모른다. 꿋꿋이 지켜 선 모습에서 또 하나의 생을 배운다. 통일의 오직 한 길도 이와 같음을…

그 길 끝에 무엇이 있을까

11장 두무진

두무진항

12

故 임현상 소령 추모비

'진정한 해병'이라는 표어

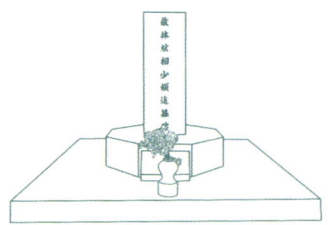

백령면 연화리 연지동 해안가에는 추모비가 하나 서 있다. 1996년 4월 14일 해안 경계 순찰 중 대인지뢰를 밟아 순직한 故 임현상 소령의 넋을 기리는 장소다. 연화리 연지동이라는 예쁜 이름과는 달리 한때 이곳 연화리 해변은 대인지뢰가 묻힌 비극의 땅이었다. 누군가의 아버지이자 아들이었을 그는 백령도의 해안가를 지키며 가족과 영원한 이별을 고했다.

故 임현상 소령(해사45기, 62대대 7중대장)은 1996년 4월 14일 북한군의 판문점 무력시위 등 북한 동향과 관련 긴장 상태가 고조되자 중대 책임지역 해안 경계태세를 확인하기 위해 도보순찰 중 연화리 해안에서 대인지뢰를 밟아 순직하였다. 고인은 평소 '신의와 솔선수범'을 좌우명으로 삼고 군인의 본분을 다하기 위하여 신명을 다 바쳤으며, 중대장 보직시 '진정한 해병'이라는 표어아래 부하들에게는 자신감과 체력, 의리를 강조하여 언제 어떤 상황에서도 주어진 임무를 100% 완수하는 전천후 해병중대로 육성하였고, 1995년 7월에는 흑룡부대 모범장병으로 선정되기도 하였다. 항상 맡은 바 임무를 완벽하게 수행하려는 사명감과 모든 일에 앞장서서 실천하는 솔선수범의 정신자세는 모든 해병의 귀감이 되어 영원히 살아 숨쉬리라.

공간 속 통일

영웅이 떠난 자리

영웅이 떠난 자리, '진정한 해병'의 정신을 이어받은 또 다른 영웅들이 그 자리를 지킨다.

12장 故 임현상 소령 추모비

13

천안함 46용사 위령탑

772함 수병은 귀환하라

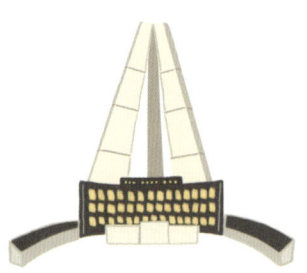

2010년 3월 26일 21시 22분. 우리의 용맹스러운 용사들과 함께 서해를 지키던 한국 최강예 전투함, 천안함(PCC 772)은 백령도 서남방 2.5km 해역에서 경비작전을 수행하던 중 갑자기 엄청난 수중 폭발로 큰 충격을 받았다. 그 충격으로 선체는 함수와 함미로 절단되었고, 함미는 곧바로 침몰하였다. 함수함체는 오른쪽이 90도 기운 상태에서 부력을 잃었다. 침몰직전의 하수 함체에서 104명의 승조원 중 58명은 해군 고속정과 해경함에 의해 구조되었으나 46명의 용사들은 그 어디에도 찾을 수 없었다.

(중략)

천안함피격사건에 대한 원인을 찾기 위해 민군합동조사단과 미국, 호주, 영국, 스웨덴 4개국에서 파견된 전문가들은 과학적이고 주도면밀한 조사와 검증작업을 펼쳤다. 그리고 동년 5월 15일에는 한 민간 어선이 천안함 침몰 해역에서 피격사건의 결정적 증거물이라 할 북한제 어뢰 추진체를 수거함으로써 천안함의 침몰이 '북한제 감응어뢰'의 강력한 수중폭발에 의해 일어난 것이었음을 확인하였다. 이로써 천인공노할 북한의 잔악하고 호전적인 도발 작태는 만천하에 드러났다.

천안함 46용사 위령탑 비문 중에서

백령도를 동서남북 4개의 방향으로 구분할 때 천안함 46용사 위령탑은 서쪽에 위치한다. 끝섬전망대에서 부터 두무진까지 북쪽 장소들의 공통점은 어디서든 북한 땅이 한눈에 보인다는 점이다. 두무진을 끝으로 북쪽 지역 여정을 끝내고 방향을 서쪽으로 돌렸다.

천안함 46용사 위령탑을 찾아가는 동안 내내 마음이 서먹했다. 위령탑의 행정구역상 주소는 '옹진군 백령면 연화리'다. 심청의 전설을 간직한 백령도이기에 마을 이름도 연꽃을 상징하는 연화리다. 하지만 연화리라는 어여쁜 이름에 감탄하기에는 분단의 아픔이 너무도 큰 장소였다.

13장 천안함 46용사 위령탑

백령도에서 2020년 추석날을 맞았다. 중국에서 날아든 전염병으로 전 세계가 고통을 겪으며 혼란에 빠진 때였다. 민족 최대의 명절에도 이동을 자제해 달라는 당국의 요청 때문이었을까? 고향을 찾는 이나 관광객의 발길이 뚝 끊겨 백령도의 추석은 더없이 쓸쓸했다. 추석을 하루 앞둔 날, 천안함 46용사 위령탑을 찾아갔다. 주차장에 차를 세우고 위령탑에 이르는 300여m의 언덕길을 오르는 동안 몇 번이고 걸음을 멈추고 뒤를 돌아봤다. 혼자가 아닌 여러 명이 함께 그분들을 뵈면 좋겠다는 마음에서였다. 홀로인 발걸음이 죄송할 뿐이었다.

그 이후에도 백령도에 머무는 동안 위령탑을 여러 번 다녀왔다. 어떤 날은 아침나절에 한번, 해 질 무렵에 또 한번 오르기도 했다. 그때마다 위령탑을 감싼 바다의 색깔이 너무도 다르다는 것을 알았다. 그건 단지 시간의 변화 때문만은 아닌 듯했다. 차가운 바다에 깊이 잠든 46용사의 충혼은 오롯이 이곳을 감싸고 있었다.

천안함 46용사 위령탑으로 가는 길, 먹먹한 마음에 그 언덕을 쉬이 오르지 못했다

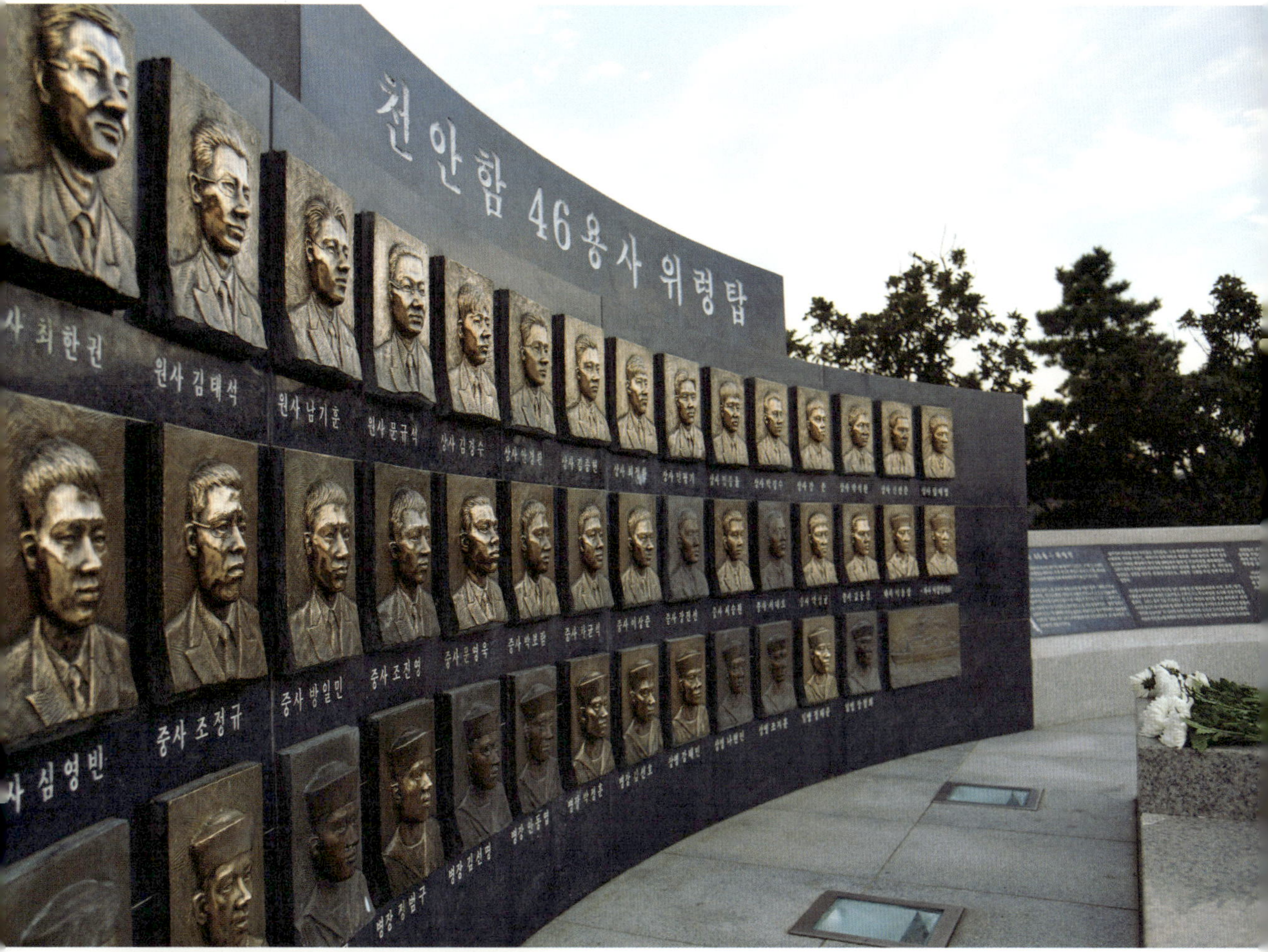
천안함 46용사 위령탑
원사 김태석
원사 남기훈
원사 문규석
중사 조정규
중사 방일민
중사 조진영

천안함46용사 위령탑
천안함위령탑
Corvette Cheonan cenotaph
350M
옹진군청
Ongjin County

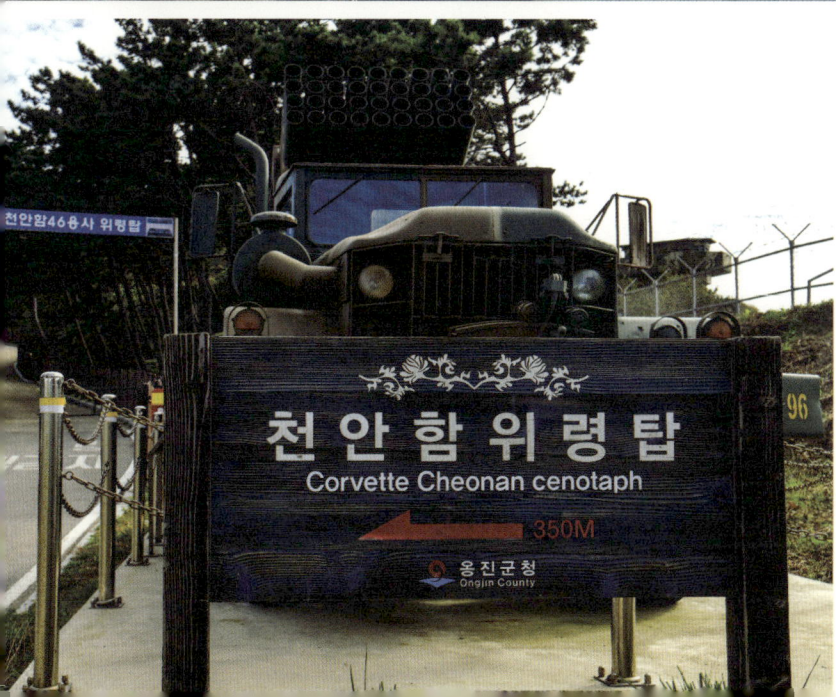

위령탑 세 개의 기둥: 우리 영해, 우리영토, 우리국민

> 서해 바다를 지키다 장렬하게 전사한 천안함 46용사가 있었다. 이제 그 고귀한 희생정신을 기려 여기 위령탑을 세우나니 비록 육신은 죽었다 하나 그 영혼은 역사로 부활하고 국민의 가슴속에 영원히 살아 자유대한의 수호신이 되리라.

천안함 46용사 위령탑은 주탑과 보조탑으로 구성되었다. 주탑은 높이 8.7m의 기둥 세 개가 서로 받치고 있는 형태로, 항상 서해바다를 응시하며 우리 영해, 우리 영토, 우리 국민을 언제나 굳건히 수호하겠다는 의지를 표현한다. 주탑 아래에는 '영원히 꺼지지 않는 불꽃'을 설치하여 365일 서해바다를 항상 밝히도록 함으로써 우리 NLL을 사수하겠다는 46용사들의 해양수호 정신을 표현하고 있다.

그때 그 자리: 백령도 서남방 2.5km

위령탑이 세워진 곳에서 내려다보면 망망대해에 바로 그 현장이 있다. 돌아오지 못한 46명의 영웅들이 차가운 바다 깊이 잠든 바로 그 숭고한 자리다. 피격 장소가 차라리 백령도 먼 바다였다면 이토록 마음이 미어지지는 않았을 것 같다. 위령탑이 선 곳에서 불과 2.5km 거리다. 해 질 무렵, 위령탑 위로 헬기 한 대가 바다를 향해 날아올랐다. 마치 그 때 그 자리를 알려주기라도 하는 듯... 그날의 피맺힌 절규가 그대로 전해오는 듯했다.

◦ **위령탑 앞 해안**

2.5km 거리면 걸어서도 금세 닿을 수 있는 거리다. 그들이 잠든 바다에 좀 더 가까이 다가가고자 해안으로 발걸음을 옮겼다. 위령탑이 있는 해안 철조망 사이에 바다로 향하는 조그만 출입구가 있다. 해안에 들어서면 더 이상 갈 수 갈 수 없음을 이내 알아차린다. 지뢰 지역임을 알리는 경고 문구가 길을 가로막기 때문이다. 육지의 지뢰, 바다의 어뢰 그렇게 분단의 땅과 바다는 결코 평화롭지 않다.

772함 수병은 귀환하라

김덕규

772함 나와라
온 국민이 애타게 기다린다
칠흑의 어두움도
서해의 그 어떤 급류도
당신들의 귀환을 막을 수 없다
작전지역에 남아있는 772함 수병은 즉시 귀환하라

772함 나와라
거스터어빈실 서승원 하사 대답하라
디젤엔진실 장진선 하사 응답하라

그대 임무 이미 종료되었으니
이 밤이 다가기 전에 귀대하라

772함 나와라
유도조정실 안경환 중사 나오라
보수공작실 박경수 중사 대답하라
후타실 이용상 병장 응답하라

거치른 물살 헤치고 바다위로 북상하라
온 힘을 다하며 우리 곁으로 돌아오라

772함 나와라
기관조정실 장철희 이병 대답하라
사병식당 이창기 원사 응답하라

우리 UDT가 내려간다
SSU팀이 내려갈 때까지 버키고 견디라

772함 수병은 응답하라
호명하는 수병은 즉시 대답하기 바란다

남기훈 상사, 신선준 중사, 김종헌 중사, 박보람 하사, 이상민 병장
김선명 상병, 강태민 일병, 심영빈 하사, 조정규 하사, 정태준 이병
박정훈 상병, 임재엽 하사, 조지훈 일병, 김동진 하사, 정종율 중사
김태석 중사, 최한권 상사, 박성균 하사, 서대호 하사, 방일민 하사
박석원 중사, 이상민 병장, 차균석 하사, 정범구 상병, 이상준 하사
강현구 병장, 이상희 병장, 이재민 병장, 안동엽 상병, 나현민 일병
조진영 하사, 문영욱 하사, 손수민 하사, 김선호 일병, 민평기 중사
강   준 중사, 최정한 중사, 김경수 중사, 문규석 중사.

호명된 수병은 즉시 귀환하라
전선의 초계는 이제 전우들에게 맡기고
오로지 살아서 귀환하라
이것이 그대들에게 대한민국이 부여한
마지막 명령이다

대한민국을 보우하시는 하나님이시여
아직도 작전지역에 남아있는
우리 772함 수병을 구원하소서

우리 마흔 여섯 명의 대한의 아들들을
차가운 해저에 외롭게 두지 마시고
온 국민이 기다리는 따뜻한 집으로 생환 시켜주소서
부디 그렇게 해주소서

국화꽃 한 송이

주차장 매점에서 국화꽃을 살 수 있다. 하지만 항상 문을 여는 것은 아니다. 이 매점은 여행사와 연계해 단체관광객들이 올 때만 잠깐 영업을 한다. 단체관광이 아닌 홀로 백령도를 찾는 분들이라면 인천항에서 배를 타기 전 국화꽃 한 송이를 미리 준비해 가면 더없이 감사할 일이다.

13장 천안함 46용사 위령탑

가을리(可乙里)

갯벌을 쟁기로 갈다

천안함 46용사 위령탑에서 다음 목적지인 중화동 포구로 향하는 길은 백령도의 남쪽 해안가에 이르는 길이다. 해안도로를 따라가려다 좌회전을 하면 가을리로 간다는 이정표가 눈에 띄었다. 이 길 끝에 무엇이 있을까 궁금해서 백령도 관광지도를 펼쳐들었다. 섬이라고 믿기지 않을만큼 너른 들녘에 가을리, 대갈동, 소갈동이라는 지명이 표시되어 있었다. 마침 백령도를 찾은 시기가 추석날이었기에 섬 곳곳에 가을이 무르익어 갔다. 대체 어떤 모습을 담고 있기에 마을 이름이 가을리일까? 망설임 없이 곧장 핸들을 왼쪽으로 돌려 가을리로 향했다.

멀리서 바라본 가을리의 첫 인상은 형형색색 지붕의 정겨움이었다. 어촌마을 정비사업으로 예전의 낡은 집들을 리모델링하면서 지붕에 색을 입히고 벽화를 그려넣었다. 메밀이 많이 나는 지역이라 그런지 메밀농사를 짓는 백령도 사람들의 모습이 벽화에 주로 담겼다. 마을 주민들이 고이 간직하던 오래된 흑백사진을 벽면에 새겨넣어 고즈넉한 마을의 정취가 물씬 풍기기도 한다. 대문없이 훤히 열려진 마당 사이로 아기자기 집들이 늘어서있다.

가을리의 옛 지명은 원래 대갈염(大乫鹽), 소갈염(小乫鹽)이었다. 땅이름 갈(乫)자와 소금 염 (鹽)자를 써서 '갈염'이라는 지명으로 전해졌는데 조선 선조 때부터 국영염전의 염분(鹽盆)이 있었던 곳이다. 염분이란 바닷물을 철솥에 끓여서 자염(煮鹽)을 만들던 장소를 말한다. 자염은 바닷물을 증발시켜 만드는 천일염보다는 생산과정이 훨씬 더 복잡하다. 10시간 이상을 근근한 불로 끓이면서 불순물을 제거하는 방식으로 소금을 얻는다. 이 곳 지명을 갈염, 또는 가을등으로 부르는 것은 '갯벌을 쟁기로 갈다'라는 '갈'의 뜻이다. 쟁기를 대고 염도 높은 바닥뻘을 갈아 엎어 만드는 소금이라 하여 갈염이라 했고, 육지와 거리가 멀기 때문에 육수(陸水)가 한방울도 안 섞인 순수한 염수(鹽水)로서 그 질이 특출해 나라에서도 인정을 받았다. 갈염의 유래에서 시작해 가을염, 가을동 등으로 변했고 큰마을

14장 가을리(可乙里)

을 대갈동 또는 대가을 그리고 작은 마을을 소갈동 또는 소가을 등으로 부르게 되었다고 한다. 조선후기까지도 대가을동과 소가을동 사이는 조수가 들어오면 큰 바다를 이루었고 썰물때면 갯벌이 되던 곳이었다. 백령도의 간척사업으로 바닷물을 막아 거대한 담수호가 생기면서 예전의 염전은 논으로 변했다.

갯벌을 쟁기로 갈아엎어 얻은 소금을 다시 철솥에 오랜 시간 끓여 최고의 소금을 만들어 냈다는 말을 들으면서 통일에 이르는 과정도 이같은 인고의 과정을 거쳐야 하는 것임을 깨닫게 된다. 수분을 증발시키기 위해 한 낮 뜨거운 태양을 온몸으로 받아내고, 뜨거운 철솥에서 몇 시간을 끓여야 최상의 소금을 얻을 수 있듯 분단의 불순물을 제거해 가는 과정은 필시 지난한 인고의 시간을 거쳐야 하리라. 또한 갯벌안에 깊이 묻힌 소금을 갈아 엎어야 그 빛을 발하듯 분단으로 인해 숨겨진 가치를 찾기 위해 우리가 통일의 쟁기가 되어야 함을 다시한번 다짐해 본다.

가을리 마을에는 집집마다 담벼락에 벽화를 그려 넣었다. 대문이 없는 시골집 마당 한켠에 추억이 새록새록 쌓인다

14장 가을리(可乙里)

15

중화동교회

황해도 소래교회에 이은 두 번째 교회
한국 최초 설립 교회

추석이 지나면서 백령도의 가을 들판도 황금빛으로 물들었다. 너른 들녘을 지나 중화동 마을 입구에 들어섰다. 작고 아담한 포구 옆으로 알록달록 지붕을 입힌 집들이 줄지어 늘어선 전형적인 어촌마을이다. 도로에 새겨진 "중화동 순례길 시점"이라는 표시가 이곳이 한국 기독교의 성지임을 말해주는 듯 하다.

골목처럼 길게 이어진 그 길 끝에 중화동교회가 있다. 주차장에 차를 세우고 언덕으로 난 계단을 따라 올라간다. 계단 옆에는 중화동교회 역사만큼이나 수령이 오래된 팽나무가 한 그루 서 있다.

마을 입구에 들어서면
제일 먼저 "중화동 순례길 시점"이라는 표시를 보게 된다

중화동교회로 오르는 계단 옆에 150년 된 팽나무가 자리를 지키고 섰다

숲길로 난 계단을 오르면 교회 종탑 앞으로 무궁화 나무 묘목이 있다. 원래 이 곳은 천연기념물 제521호인 백령도 연화리 무궁화 나무가 있던 자리다. 무궁화는 보통 수령이 40-50년인데 이 나무는 수령이 100년 안팎이다. 2011년 1월 13일에 천연기념물로 지정되어 꿋꿋이 이 자리를 지켜왔다. 나라의 꽃 무궁화의 수령이 100년을 넘었으니 백령도의 가치를 또 한번 높여준다. 하지만 이 나무는 더 이상 땅에 뿌리내리지 못했다. 오랜 시간을 버티턴 무궁화는 결국 고사 되어 현재 천연기념물 지정을 해재했다. 교회 건물 옆에 자리한 〈백령기독교 역사관〉에는 한국 기독교 역사와 백령도에 처음 복음이 전해진 내용이 자세히 전시되어 있다. 마당 한 켠에는 오래전부터 사용하던 종을 원형 그대로 보존해 산 역사를 말해준다.

한국 최초의 복음이 백령도에

"서해상의 뜬 주의 날개"로 불리는 백령도는 하나님의 선택받은 땅이라 불린다. 바로 한국 최초로 기독교 선교사가 들어온 지역이기 때문이다. 1816년 9월 1일 영국함대가 처음 뿌린 복음의 씨앗이 이곳 백령도에 떨어졌다. 대청군도 앞바다에 정박한 멕스웰 대령 일행이 중화동포구를 방문해 성경과 선물 등을 전달했다.

이후 1832년 7월 18일 귀츨라프 선교사가 또 이곳 백령도를 찾아 왔었다. 장산곶을 지나 남하하다가 해무를 만나 백령도 중화포구에 도착한 것이다. 귀츨라프는 성경과 전도지 등을 나누어주며 전도했는데 당시 갑작스러운 해무 때문에 귀츨라프 선교사가 방문한 것은 우연이 아니었다고 해석된다.

뒤이어 1865년 9월과 1866년 8월 토마스 목사가 백령도를 근거지로 활동했다. 제너럴 셔먼호를 타고 평양을 가기 전 두무진 포구를 방문하여 한문 성경을 전달하기도 했다. 하지만 토마스 목사는 안타깝게도 1866년 9월 제너럴셔먼호 사건이 발발하면서 순교하였다.

선교사들의 영향으로 일찍부터 복음을 받은 한국은 1884년 한국 최초의 교회인 소래교회가 황해도 송천(松川)에 설립되었다. 평안도 의주 출신의 서상륜은 인삼장사로 만주를 오고 갔는데, 영국 개신교 선교사 존 로스 목사를 만나 기독교를 받아들이고 성경번역을 도왔다. 그의 동생 서경조와 서상륜은 황해도 장연군 대구면 송천리 소래마을 한 초가집에서 1883년 5월 16일 한국교회사 처음으로 한국인이 스스로 개신교 교회를 세웠다.

그후 1895년 7월 8일 8칸의 기와집 예배당을 건축하였고, 1896년 6월 23일 8칸을 증축해 총 16칸 32평이 되었다.

1896년 8월 25일 당성관 허득의 주도로 주민들에 의해서 세워진 자생교회이자 백령도의 모교회이다. 당시 한문 서당에서 많은 주민이 참석한 가운데 서경조 장로의 집전으로 중화동교회 설립 예배를 드렸다. 1898년 백령도 진의 첨사 자문역으로 참사 벼슬을 지냈던 허득이 복음의 씨앗을 받고 그곳에 유배 온 김성진, 황학성, 장지영 등과 함께 한학 서당에 중화동교회를 설립하게 되었다. 1900년 11월 8일 언더우드 목사 내외가 중화동교회를 방문하여 7명에게 성례식을 베풀었다. 이날 세례자는 허득, 허근, 허권, 허륜, 최영우, 김흥보, 허 간 등이었다.

중화동교회는 소래교회에 이어 한국에서 두 번째로 설립된 교회다. 그런데 현재 분단의 시각으로 보면 남한지역에 설립된 최초의 교회다. 북한 지역의 소래교회와 남한지역의 중화동교회라는 의미가 된다.

현재 백령도에는 군 교회 2개를 포함해 12개의 교회가 있다. 전체 인구의 90% 이상이 기독교인이니 이 정도 숫자의 교회가 있는 것도 그리 낯선 일은 아니다. 150여 년 전 처음으로 내려진 복음의 씨앗이 한국 교회의 든든한 뿌리가 되어 대한민국을 지탱하고 있다.

한편, 지난 2009년 가을 용인에 있는 총회신학교 내에 소래교회를 복원했다. 목적은 '북한교회의 수복과 남북통일을 위한 기도처소가 되기 위해'라고 한다. 황해도 장연군 소래마을에 다시 소래교회가 회복되기를 기도해 본다.

제너럴 셔먼호와 백령도: 한국 기독교 최초의 순교자

토마스는 미국 상선 제너럴 서면호(General Sherman)호가 한국과의 통상교섭을 위해서 한국을 방문한다는 소식을 듣고 통역관으로 이 배에 오른다. 1866년 8월 9일 제너럴 셔먼호는 지푸를 떠나 곧바로 항로를 동으로 잡고 대청군도를 향해 떠났다. 2일 동안의 항해 끝에 배는 백령도 인근에 정박했고, 작은 보트를 내린 후 몇 사람이 타고 포구를 향해 다가갔다. 이들이 상륙한 곳이 바로 백령도 최초의 교회가 설립된 중화동 포구였다. 해변에 내린 일행 중에는 토마스가 끼어 있었다. 토마스는 한국말로 인사를 건네고 눈치껏 성경책을 전했다. 토마스에게 백령도는 선교 활동의 근거지였다. 제너럴 셔먼호는 황해도 연안을 북상해서 평양에 이르렀으며 1866년 9월 2일 토마스는 27세의 나이로 복음을 전파하고 싶었던 한국 땅에서 숨을 거두었다.

공간 속 통일

믿음으로 말씀의 열매를 맺는다

중화동을 한자로 쓰면 가운데 중(中)과 벼 화(和)자를 쓴다. 이 한자의 뜻이 성경구절로 해석되어 중화동이 한국 최초의 복음이 전래 된 곳으로 여긴다. 가운데 중은 좌와 우로 치우치지 않는다는 의미다. 벼 화는 벼에 입 구자를 사용한다. 이를 풀이하면 성경구절인 "좌로나 우로나 치우치지 않는 믿음으로 말씀의 열매를 맺는다"는 뜻으로 본다고 한다. 중화동 이름의 유래만큼 현재 중화동 마을 곳곳에는 기독교 역사와 관련한 벽화를 그려놓았다. 한국 기독교의 역사가 마을 벽화로 새롭게 전해진다.

> 정녕 이 길을 가시렵니까
> 말씀에 의지하고 오직 한마음으로
> 순전하고 신실한 통일전도사의 길을 묵묵히 걸으렵니다

16
백령 식수원 댐
담수호 둘레길을 걷다

중화동교회와 중화동 포구 사이로 난 뒷길을 올라가면 마치 꼭꼭 숨겨놓은 백령도의 속살과 같은 곳이 있다. 백령 식수원이라 불리는 제방 댐이다. 마치 깊은 산속 동화속 세상에 온 듯 고요함이 호수 둘레길을 감싼다. 바다로 직접 연결되는 담수호는 백령도의 식수원이다. 제방처럼 보이는 길은 댐의 갑문 역할을 한다. 제방 위에서 바라보면 멀리 대청도가 한눈에 들어온다.

백령식수원에 이르는 길에서 조금만 옆으로 벗어나면 해병대 6여단 종합사격장이 있다. '무단 출입 시 생명에 위협을 받을 수 있다'는 경고판이 흠칫 걸음을 멈추게 한다. 백령도 어디를 바라보나 한 폭의 그림과 같은 풍경이지만 같은 프레임 안에는 항상 군사시설이 담긴다.

백령 식수원 댐위로 감시카메라가 설치되어 있다. 멀리 보이는 섬이 대청도다

16장 백령 식수원 댐

17장 장촌포구와 용트림바위

17

장촌포구와 용트림바위

분단의 바위를 깨뜨릴 통일의 바람과 공기

〈백령대청지질공원〉으로 지정된 백령도에는 모두 5개의 지질명소가 있다. 그 중에 지질명소 다섯 번째는 백령도 남쪽 해안가에 있는 용트림바위와 남포리습곡이다. 장촌포구 옆길을 따라 올라가면 넓은 주차장이 하나 보인다. 나무 데크로 만든 전망대에 올라가면 마치 바다에서 용이 승천하는 모습의 바위를 볼 수 있다. 지질학적으로 시-스택이라 부르는데 여러 개의 겹쳐진 암석층이 파도와 바람에 의해 떨어져 나가고 일부분이 남아 있는 형태다.

용트림 바위 오른쪽 절벽에 있는 남포리습곡은 대형습곡구조와 단층의 특성을 잘 보여주는 곳으로 천연기념물 507호로 지정되었다. 습곡구조는 양옆에서 힘을 받아 물결처럼 휘어진 것을 말한다. 고생대 말에서 중생대 초 지각 변동으로 형성되었는데, 바람과 물, 공기 등에 깎이고 파괴되면서 서서히 높아져 지금과 같은 지형이 되었다. 높이 50미터, 길이 80미터로 이런 큰 규모의 습곡 구조가 드러난 것은 드문 일이며 한반도 지각 발달사 연구에 귀중한 자료가 된다고 한다.

용트림바위와 남포리습곡구조는 백령도의 지질학적 가치를 말해준다. 단단해 보이는 거대한 바위가 바람과 물 그리고 공기에 의해 깎이고 부서져 지금의 모양이 되었다는 말에 한편 위안을 얻었다. 철옹성 같이 굳게 막아선 저 분단의 장벽도 언젠가는 부서지고 깎여 그 모양이 달라질 거라는 희망 때문이다. 우리가 지금 걷는 이 길이 분명 분단의 바위를 깎아 낼 통일의 바람과 물과 공기임을.

17장 장촌포구와 용트림바위

장촌포구에
하루가
저문다.

분단의 해가
기울고

동터오는
통일의 아침은
언제일는지...

18장 연화리 해병대 상륙작전훈련소

18

연화리 해병대 상륙작전훈련소
차갑고 시린 분단의 날들

장촌포구에서 콩돌해변으로 가는 해안도로는 구불구불 산길을 달린다. 차창 밖으로 드넓은 백령도의 남쪽 바다가 훤히 보이지만 산을 휘감아 도는 길이라 바닷가와 조금 떨어져 있다. 멀리 장촌포구가 한눈에 내려다보이는 산 정상에 서면 옛날 군대 막사로 보이는 폐건물이 자리를 지키고 있다. 오랜 세월의 무게에 눌려 폐허처럼 변했지만, 콘크리트 지붕 위에는 또 다른 생명이 움텄다. 가던 길을 잠시 멈추고 백령도 남쪽 끝자락에서 수평선을 바라본다. 고기잡이 나갔던 배들이 장촌포구로 하나둘씩 돌아올 때쯤이면 백령도의 해넘이가 시작된다. 백령도의 남쪽 끝자락에 발 딛고 서서 오늘 또 하루를 지나 보낸다.

18장 연화리 해병대 상륙작전훈련소

고갯마루를 내려와 길 끝에 다다르면 산 정상에서 바라봤던 해안가 백사장이 펼쳐진다. 해병대 상륙작전 훈련장으로 사용되는 곳으로 용맹스러운 해병의 함성이 그대로 전해지는 듯하다. 조국을 지키는 붉은 명찰의 사나이들. 멀리 산 위로 해병혼을 새겨 넣었다.

'해병혼'을 새겨 놓은 산

18장 연화리 해병대 상륙작전훈련소

19 콩돌해안
파도에 깎이고 부서진 인고의 세월

용트림바위가 바람과 물과 공기에 의해 깎이고 부서져 지금의 형태가 되었다는 말에 그다지 놀랄 필요는 없다. 용트림바위 만큼이나 인고의 세월 동안 깎이고 부서진 또 하나의 자연이 있다. 용트림바위에서 장촌리를 지나 해안도로를 달리다 보면 천연기념물 392호로 지정된 콩돌해안을 만난다. 콩돌해안은 해안의 규암절벽에서 파도의 침식작용으로 잘게 부서진 바위 조각들이 해안선 근처에서 다시 파도에 부서져 만들어진 것이다. 콩돌해안의 길이는 약 2km, 폭은 30m에 이른다. 파도가 밀려들고 나갈 때마다 파도에 작은 콩돌이 부딪히며 만들어 내는 소리가 너무도 청아하다. 콩돌해안에 서 있으면 백령도의 자연은 경이롭기까지 하다.

원래 하나였던 암석이 파도에 깎이고 부서져 둘이 되었다

하릴없이 그저 왔다가는
　　　인생이 아니니

성공한 인생이 무어냐
　　　물으신다면

암울한 분단 조국의 현실
　　　외면치 않고
　　작디작은 노둣돌 하나
　　　놓았다 하런다

거제도의 몽돌해안은 현무암으로 검은색 돌이지만, 콩돌해안의 돌은 사암이나 이암으로 회색, 갈색, 흰색, 보라색, 검은색이 어우러져 천연색을 빚어낸다. 오색 콩돌처럼 각기 다른 색이 함께 어우러져 찬란한 빛을 내듯 통일도 바로 그런 게 아닐까? 각각 달라 보이지만 함께 어우러져서 하나가 되는 것.

문득 큰 바위에서 떨어져 나온 암석이 둥근 콩돌이 되기까지 얼마나 오랜 세월 동안 깎이고 부서졌겠느냐는 생각이 들었다. 콩돌해안의 절벽이 떨어져 나가 작은 콩돌이 되기까지의 과정은 분단의 장벽을 거두는 일과 같다. 저 거대한 암석이 깎이고 쓸려 다듬어지기까지 얼마나 많은 인고의 세월이 있었던가. 파도는 잠시도 멈추지 않았다. 콩돌의 결과만 보는 게 아니라 그 과정을 생각한다면 지금 우리에게 주어진 통일의 이 길을 결코 멈추어서는 안 될 이유다.

분단의 흔적만 아니라면 백령도의 푸르른 바다와 하늘은 눈부시도록 아름답다

공간 속 통일

경계 너머의 사람, 분단의 사람들

공간 속 통일

뒤로 발돋움 한 만큼만 앞으로

콩돌해안 소나무 숲에 누군가 그네를 묶어두었다. 그네는 결코 하늘에 닿을 수 없다. 하지만 끊임없이 앞을 향해 힘찬 걸음을 내디딘다. 뒤로 발돋움 한 만큼만 앞으로 나아갈 수 있다. 통일의 발걸음도 그러하리라. 힘차게 나아가는 그대의 통일 발걸음이 하늘에 닿기를…

20

사진찍기 좋은 녹색명소
대형 한반도 지도에 새겨진 경계선

콩돌해안에서 다음 장소인 사곶해변으로 가는 길에는 '사진찍기 좋은 녹색명소'라는 곳이 있다. 구불구불 산길로 난 도로를 달리다 보면 차량 한두 대 정도 겨우 정차할 수 있는 공간이 나온다. 마치 숲길 체험이라도 하듯 산속으로 난 오솔길을 따라 5분 정도 걸으면 그림 같은 풍경이 펼쳐진다. 사곶해변을 오기 전에 하얀 백사장을 미리 한눈에 담고 오라는 듯 끝없이 이어진 해안이 한눈에 들어온다. 구름 한 점 없는 맑은 날이면 용기포 등대와 끝섬전망대는 물론 그 너머 북한 땅까지 훤히 내려다보일 만큼 전망이 좋다.

용기포등대와 끝섬전망대 그리고 그 너머 북한땅이 훤히 내려다 보인다

가운데 길을 중심으로 오른쪽은 사곶해변, 왼쪽은 백령호가 있다

같은 장소, 다른 계절

전망대에서 내려다보면 백령대교를 중심으로 정확히 절반을 갈라 오른쪽은 바다, 왼쪽은 호수다. 약 900m쯤 되는 제방을 쌓아 간척지를 만들면서 백령도는 우리나라에서 8번째로 큰 섬이 되었다. 제방을 쌓기 전까지는 크기로 볼 때 14번째 정도 섬이었다고 한다.

1991년부터 1999년까지 계속된 이 공사는 350ha의 농경지를 만들어냈고, 그때 함께 생긴 것이 바로 백령호(白翎湖)다. 호수의 넓이가 무려 129ha나 된다. 거대한 공사였지만 호수로 바닷물이 유입되고 있어 농업용수로는 활용하지 못한다.

사진찍기 좋은 명소라는 이름에 걸맞게 사방 어디를 둘러봐도 작품이다. 통일의 눈으로 백령도를 다시 봐서일까. 하늘과 맞닿은 수평선 너머 한 폭의 그림 같은 풍경을 뒤로하고 필자의 눈에 띈 건 거대한 한반도 지도였다. 멀리 보이는 '백령 다목적 실내체육관' 건물 벽면에 대형 한반도 지도가 그려졌다. 울릉도와 독도까지 상세히 그려 넣었다. 그런데 너무 사실주의로 표현한 걸까? 그림 속 지도에도 허리를 가로지르는 경계선이 뚜렷하다.

운동장 한편에서 흙먼지 뒤집어쓰며 천진난만하게 노는 아이들은 저 경계선이 사라진 통일 한국의 내일을 살아갈 수 있을까?

공간 속 통일

그대로 남겨두어 감사하다

군인들이 머물지 않는 옛 군대 막사는 넝쿨에 그 자리를 내어 주었지만, 여전히 산 정상을 지킨다. <사진찍기 좋은 녹색명소>에 이르는 길을 콘크리트나 아스팔트로 포장하지 않고 흙과 자갈이 살아 있는 오솔길 그대로 남겨두어 얼마나 감사한지 모른다. 작은 오솔길을 따라 걸으며 백령도를 한 품에 안아본다.

백령도의 만추

같은 공간 다른 모습

백령도는 바닷물이 들고나감에 따라 그 색깔을 달리한다. 그러니 한 번만 봐서는 아니될 일이다

3부

Chapter 3

21	창바위	하나인 듯 두 개의 바위
22	백령대교	백령도에서 제일 긴(?) 다리
23	사곶해변	6·25 전쟁 당시 활주로로 사용한 천연비행장
24	극동방송 백령도 스튜디오	복음의 소식이 북녘까지
25	현충탑	조국을 위해 바친 그대들의 거룩한 넋
26	해군14용사충혼비	바람결에 실린 용사들의 충정
27	용기포 등대해안	큰 절벽 아래 깊고 푸른곳
28	용기포 구항	사라진 통일기원탑과 야간 통행금지
29	반공유격 전적비	516명의 넋을 위로하며
30	북포리 당후길 흑룡마크사	핑크빛 꽃 명찰의 추억

21

창바위
하나인 듯 두 개의 바위

'사진찍기 좋은 명소'에서 까마득히 아래쪽을 내려다보면 유독 눈에 띄는 바위가 있다. 보는 위치에 따라 두 개의 바위가 한 개로 보일 때 마치 창문처럼 구멍이 뚫려 있다 해서 창바위라고 부른다. 암석이 파도의 침식을 차별적으로 받아 만들어진 굴뚝 형태의 시스텍이다. 창바위는 사곶해안의 물때에 따라 다양한 모습을 연출한다. 수백 미터의 모래사장이 드러나는 썰물이 되면 사막 한가운데에 우뚝 솟은 기둥처럼 보이고, 바닷물이 들어차면 외로운 섬 마냥 홀로 그 자리를 지키는 망부석 같다.

창바위를 보면서 남북한과 참 많이도 닮았다는 생각이 든다. 분명 두 개의 바위가 각각 제멋대로 서 있지만 보는 각도에 따라 둘은 하나가 된다. 분단의 시각에서 보면 갈등하고 대립하는 두 개지만, 통일의 마음으로 보면 분명 하나다. 어느 방향에서 보느냐에 따라 둘이 하나로 보이듯, 남북한이 지금은 잠시 떨어져 둘일지라도 본디 하나였다는 사실을 잊지 말자. 시선이 머무는 곳에 우리의 마음이 있다.

창바위 해안가에도 〈대한민국은 여러분을 환영합니다〉라는 안내판과 귀순자 인터컴(부름종)이 설치되어 있다.

21장 창바위

어느 각도에서 보느냐에 따라 두 개와 하나가 된다

22

백령대교

백령도에서 제일 긴(?) 다리

콩돌해안에서 사곶해변으로 이동하기 위해 길을 나서면 화동마을을 지나 백령대교를 만난다. 백령도에 간척지를 만들기 위해 화동과 사곶 마을 사이에 다리를 놓았다. 백령도 관광 안내지도에서 '백령대교'라는 안내 문구를 봤을 때 명칭 그대로 '엄청나게 긴 다리가 바다 위로 길을 내었을 거'라고 상상했다. 하지만 백령대교는 무심코 지나치면 어디가 다리였는지 알 수 없을 만큼 길이가 짧다. 30여 미터 밖에 안 되는 다리니 대교라 말하기에는 좀 멋쩍다. 하지만 꼭 길이가 길어야 대교라 부를 수 있는 건 아니다. 그 용도와 기능에 따라 역할을 다하면 그뿐이지 않겠는가.

'서해 최북단 백령도'라고 쓰인 커다란 비석이 보이면 한쪽에 차를 세워두고 걸어서 백령대교를 건너보자. 30m 대교를 걸어서 걷는 기분이란?

백령대교와 연결된 백령둑은 바다와 호수를 가로는 경계다. 그게 무엇이든 양쪽을 가르는 경계를 보면 늘 마음이 무거워진다. 바닷물과 민물의 경계이지만 어떻게든 물은 한 줄기로 통하나 보다.

22장 백령대교

백령둑에 코스모스가 나풀거린다. 하지만 자세히 보면 둑 사이사이로 사격을 위한 참호가 만들어져 있다. 백령도는 하나의 거대한 요새다

23

사곶해변

6·25 전쟁 당시 활주로로 사용한 천연비행장

해안가 모래사장 위로 자동차가 달린다? 사람이 걸을 때도 발이 모래에 푹푹 빠져 걷는 것 조차 힘든데 어떻게 자동차가 해안을 달릴 수 있을까. 사곶해변을 직접 보기 전까지는 믿지 않았다. 사곶해변은 언뜻 보면 모래로 이루어진 듯하나, 사실은 규암 가루가 두껍게 쌓여 만들어진 해안이다. 썰물 때면 길이 2km, 폭 200m의 사빈이 모습을 드러낸다. 사빈은 모래가 평평하고 넓게 퇴적된 해안지형으로, 사곶해변의 사빈은 일정한 크기의 모래가 오랜 시간 주기적인 조수의 영향으로 다져졌다. 분명 하얀 모래사장처럼 보이는데 콘크리트처럼 단단하다. 경비행기, 헬리콥터, 군수송기의 이착륙이 가능할 정도다. 실제로 6·25전쟁 당시 비행장으로 활용되어 군 작전에 크게 이바지했다고 한다. 1985년까지 C-46 공군 화물 수송기가 이착륙하는 활주로로 사용했고, 지금도 국제민간항공기구에 공항식별부호(K-53, RKSE)가 있는 천연비행장이다. 하지만 1995년 간척지 개발로 백령둑이 건설되면서 사곶 앞바다의 바닷물 흐름이 변해 퇴적물이 쌓여 모래가 물러지고 있다.

사곶해변은 이탈리아의 나폴리 해변과 함께 전 세계에 단 두 곳밖에 없는 곳으로 천연기념물 제391호로 지정되었다. 백령도의 해안가 전체가 군사제한구역으로 야간에 출입이 금지되지만, 사곶해변 만큼은 7-8월이면 24시간 개방해서 해수욕장으로 활용한다. 앞서 다녀왔던 콩돌해안과는 또 다른 모습에 놀란다. 성질이 서로 다른 돌과 모래로 이루어진 해변이 같은 섬 안에 나란히 놓였다는 게 그저 신기하다. 딱딱한 돌과 비교하면 분명 무른 모래지만 오히려 그 모래가 뭉쳐져서 돌보다 더 딱딱하게 되었다. 그러니 모래라 해서 가벼이 볼 게 아니다. 모래알처럼 부서져 흩어진다는 표현도 사곶해변에서는 통하지 않는 말이다.

23장 사곶해변

썰물이 되면 백령도의 사람들이 하나둘 사곶해변에 모여든다

23장 사곶해변

◆
사곶해변

천연비행장이었던 사곶해변 ◆

1960년대

푸른 바다가 만든 은빛 해변 사곶은 한자로 沙串이라고 쓴다.
이름 그대로 모래곶이라는 뜻이다.
사곶의 모래땅이 길고 뾰족하게 생겨 바다로 뻗어 나가기 때문에
이런 모양의 땅에 붙이는 우리말 '곶'을 붙여
모래곶이라는 이름이 생겼고 한자로 바꾼 것이 바로 사곶이다.

공간 속 통일

사격 표적지

훈련용 사격 표적판이 해변에 버려졌다.
나에게, 그대에게 그리고 우리의 적은 누구인가?

공간 속 통일

남다른 풍경

사곶해변 입구에서 바라본 풍경에 남다른 의미로 다가왔다. 곧게 뻗은 두 그루의 소나무는 마치 대결하는 남북한처럼 보인다. 아직 끝나지 않는 전쟁 시기를 살고 있으니 대피소도 필요하다. 그런데 녹색의 잔디밭 사이로 곧은길이 쭉 뻗었다.
통일의 한 길을 가라는 의미처럼 다가온다.

공간 속 통일

그날 해변에는 홀로였다

그날따라 사곶해변에는 단 한 사람도 없었다. 바닷물이 들어오고 나갈 때에 맞춰 해변에 나오는 백령도의 사람이니 아마도 물이 들어올 시간이었던 것 같다. 사곶해변이 완전히 물에 잠기기 전 아무도 없는 해안을 달려보고 싶었다. 천연비행장으로 사용할 만큼 탄탄한 모래 위를 차를 타고 달리는 기분은 어떨지 궁금했다. 모래밭을 차로 달린다는 건 상식이 아니라 상상이었다.

여느 사람들이 모두 옳다 해도 홀로 아니라고 말할 수 있는 용기,
일반적인 일이라 세상이 인정해도 다른 길로 갈 수 있는 신념,
모두가 할 수 없다고 할 때도 능히 포기하지 않을 굳센 마음들,
새로움을 꿈꾸는 상상력,
그게 바로 통일의 오직 한길을 가는 우리네 마음들이면 좋겠다.

아무도 없는 해변을 홀로 달려가는 마음. 뒤따라오는 이를 위한 발자국이고 싶다.

23장 사곶해변

23장 사곶해변

24

극동방송 백령도 스튜디오

복음의 소식이 북녘까지

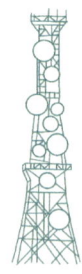

사곶해변을 지나 마을로 들어서면 너른 마당을 품은 사곶교회가 보인다. 백령도 주민의 90%이상이 기독교인이니 마을마다 교회가 있음이 어쩌면 당연해 보인다. 1905년에 설립된 사곶교회는 그 역사만큼이나 현재 남다른 사명을 부여받았다. 바로 '극동방송 백령도 스튜디오'가 교회 안에 자리하고 있다.

2018년 12월 23일, 극동방송은 방송통신위원회로부터 백령도 극동진촌FM방송보조국(중계소) 설립 허가를 받았다. 이 중계소에서는 서울 극동방송 프로그램을 받아 주파수 106.9㎒로 백령도 일대 난청 지역에 방송을 송출한다. 특히 백령도 중계소 설립으로 북한 황해도 일대에도 방송이 전파된다고 하니 더없이 기쁜 소식이다. 북한 주민들의 눈과 귀를 열어줄 외부정보는 북한사회 변화의 주요한 동력이 되리라 확신한다. 복음의 기쁜 소식은 경계선을 넘어 저마다의 가슴에 새로운 세상을 보여줄 한 줄기 빛이 될 것이다.

"북한에 복음의 기쁜 소식을 전할 수 있게 돼 북한 선교의 중요한 통로가 될 것이라고…"

24장 극동방송 백령도 스튜디오

25

현충탑

조국을 위해 바친 그대들의 거룩한 넋

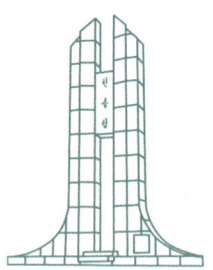

현충탑을 찾아가는 일은 그리 쉽지 않았다. 백령호수를 한 바퀴 다 돌고 막다른 길에 이르러서야 공터에 서 있는 탑을 겨우 발견할 수 있었다. 비록 탑하나 덩그러니 놓였지만, 그분들을 잊지 않고 기억하는 장소가 있다는 것만으로도 감사했다. 그러면서도 못내 아쉬움에 한가지 바람이 생겼다. 현충탑 주변시설을 정비해서 찾아오고픈 곳으로 만들면 더 좋지 않을까라는 생각이 들었다. 조국을 위해 희생하신 분들의 넋을 기리는 장소가 가벼이 관광명소가 될 수는 없겠지만 이왕이면 먼 걸음 찾아온 방문객들이 그나마 머물 수 있는 공간이 되면 더 좋지 않을까? 현충탑 비문에 쓰인 대로 "당시 국가를 수호하고 자유를 지키기 위하여 많은 젊은이들과 참전용사들이 희생된 역사의 현장"이라면 말이다.

현충탑 주변 시설은 현재 아무것도 조성된 게 없다고 표현 하는 게 적절할 것 같다

<사진찍기 좋은 명소>에서 바라본 현충탑이다. 백령호숫가 한편에 덩그러니 탑 하나가 세워진 모양새다

그대들의 거룩한 넋

서해 최북단 섬 백령도는 1950년 한국전쟁 당시 국가를 수호하고 자유를 지키기 위하여 많은 젊은이들과 참전용사들이 희생된 역사의 현장이다.

전쟁 참화속에서 청년, 학생들이 반공유격대를 조직하여 적군에 맞서 싸웠으며 백호부대를 비롯한 해병대 해군의 활동으로 주민들의 생명을 보호하고 삶의 터전인 서해5도서를 굳건히 지킬 수 있었다.

1953년 7월 휴전후에도 남북대치 상황과 군사적 긴장감은 세월이 흘러도 변함없이 계속되고 있다. 2009년 11월 10일 대청도 해상에서 전투가 일어났으며 2010년 3월 26일 백령도 인근해상에서는 북한 잠수함의 어뢰공격으로 천안함이 피격되어 해군장병 46명이 희생되는 안타까운 사태가 발생하였다.

이러한 현실 속에서 자라나는 후손들에게 안보의 중요성을 일깨워주고, 국민의 생명과 재산을 지키기 위해 목숨을 바친 장병과 선열들의 숭고한 호국정신을 기리고 추모하고자 옹진군민의 염원을 모아 이 탑을 세운다.

"조국을 위해 바친 그대들의 거룩한 넋은 우리 가슴속에 영원하리라"
2016년 6월 6일

26

해군 14용사 충혼비

바람결에 실린 용사들의 충정

섬을 한 바퀴 돌아 백령도 동쪽 바다의 마지막 장소이자 이 여정의 끝인 용기포 구항에 이르렀다. 용기포 구항은 〈해군 14용사 충혼비〉와 〈등대해안〉으로 가는 길목이다. 6·25 전쟁 당시 백령도 주민들이 피란처로 사용했다는 동굴이 등대해안에 있다는 말을 듣고 찾아가는 중이었다. 길을 가던 중에 우연히 '용기포 등대'라고 쓰인 이정표 하나가 눈에 띄었다. 해군 14용사 충혼비를 찾아가게 된 건 순전히 이 '용기포 등대' 이정표 때문이었다.

집 사이 좁은 골목길처럼 보였지만 이내 외진 산 위로 올라가는 가파른 산길을 따라 한참을 올라갔다. 차 한 대가 겨우 다닐 수 있는 외길이었다. 나중에 차를 어떻게 돌려 내려올지도 내심 걱정될 정도로 길은 좁았다. 아니나 다를까 가파른 경사길을 올라 정상에 도착했을 때 염려한 그대로 주차를 하거나 회전 할 수 있는 넓은 공간은 없었다. 더는 차량이 진입할 수 없는 막다른 길이라 순간 망설였다. 그 때 숲 사이로 작은 오솔길이 하나 보였다. 인적 드문 외진 산에 그것도 북한과 마주한 섬에서 혹시나 하는 두려움이 앞섰다. 지금 생각하면 지레 겁먹은 행동이라 피식 웃음이 나지만 백령도를 처음 찾은 방문객에게 그만큼 백령도는 낯설었다. 그때는 무서운 마음이 앞섰지만 지금 생각하면 백령도에서 그 길 보다 더 평안하고 아름다운 곳은 없었던 것 같다.

얼른 차를 돌려서 내려갈까 하는 마음을 다잡고 오솔길로 조심스럽게 걸음을 옮겼다. 산 정상까지 와서 그냥 돌아가기에는 너무 아쉬웠다. 무엇보다 해군 14용사 충혼비를 꼭 찾아보고 싶었다. 얼마를 걸었을까? 만개한 가을꽃과 여린 나무로 둘러싸인 등대 하나가 외로이 서 있었다. 지난 2011년 11월 용기포 신항 등대가 새롭게 조성되면서 지금은

26장 해군 14용사 충혼비

사용하지 않는 용기포 등대다. 수명을 다한 등대의 운명이라고 해야 할까? 금세라도 무너질 것처럼 바스러지고 낡은 콘크리트 기둥처럼 보였다. 하지만 폐허라는 느낌보다 한편으로 자연 속에 묻힌 고귀한 성지처럼 느껴졌다. 한때 수많은 배의 길잡이가 되었을 등대의 따사로운 빛이 지금도 남아 있는 듯했다. 등대 안에서 불어오는 바람 소리에 젖어 혼자만의 사색에 잠겼다. 아무도 찾지 않는 한적한 공간이 내어준 최고의 쉼이었다.

그러다 문득 원래 이 길 끝까지 달려온 목적이 다시 떠올랐다. 등대 주변을 아무리 찾아봐도 해군 14용사 충혼비의 흔적을 찾을 수는 없었다. 하는 수 없이 차량을 겨우 돌려 산길을 다시 내려왔다. 산길을 거의 다 내려와 마을 입구가 보일 때쯤 길옆으로 공터가 하나 보였다. 좀전에 산길을 올라갈 때만 해도 설마 그런 공간에 충혼비가 있을 줄은 생각지도 못했다.

무릎까지 올 정도로 무성한 풀이 자라 주차장은 구분이 안 되었고 충혼비로 오르는 계단도 세월의 무게 탓인지 곳곳이 패이고 얼룩졌다. 안내판에는 분명 14-2-06이라는 관리번호가 부여된 국가보훈처 지정 현충 시설로 표시되어 있었다. 하지만 국가가 지정한 보훈 시설이라 보기에는 너무도 초라했다. 충혼비에 새겨진 비문 내용은 알아보기 어려웠고, 충혼비의 윗부분은 일부분이 훼손되었다. 나중에서야 알았지만, 충혼비 일부가 훼손된 건 오랜 세월의 흔적이 아니라 6·25전쟁 당시 북한군에 의해 파괴된 것이라고 한다.

6·25전쟁 중 조국을 위해 목숨 바친 해군 14용사의 넋을 기린다는 그 숭고한 뜻을 담은 시설이 너무도 열악해 서글픈 마음이 들었다. 국가보훈처 지정 시설이 왜 이렇게 관리가 안 되는지 궁금해 그 이유를 찾아보고 싶었다. 그때 이정표에 새겨져 있던 〈대한민국 특수임무유공자회 인천광역시지부〉라는 안내문이 생각났다. 대통령 특별법으로 국가보훈단체의 위상을 갖게 된 〈대한민국 특수임무유공자회〉는 특수임무 유공자의 명예를 선양하고 조국의 평화적 통일에 이바지한다는 목적으로 활동하고 있다.
이 단체의 인천시 지부를 담당하는 홍광식 지부장으로부터 상세한 설명을 들을 수 있었다. 매년 정기적으로 이곳에서 추모행사를 개최했는데 코로나 19로 인해 단체행사를 개최하지 못했기 때문이라고 했다. 또한, 현재 시설이 낡아 백령도 현충탑 인근에 새롭게 충혼비를 세울 수 있도록 관계 기관과의 구두 상 합의는 끝마친 상태라고도 덧붙였다. 충혼비 이전을 위해서는 지방비와 국고지원이 필요한데 현재로서는 예산 확보에 어려움이 있다고 토로했다. 아울러 현재 심청각 주변 8부 능선에는 당시 공작 임무를 사용하던 안가가 방치되어 있는데 이를 복원하는 사업도 함께 추진하면 좋겠다는 말도 덧붙였다. 그의 설명을 들으며 대한민국특수임무유공자회 상징인 "나는 오늘 조국을 위하여 무엇을 하였는가!!"를 되새겨 본다. 국가를 위해 헌신한 분들의 보상은 물론 명예회복이 이루어지도록 우리의 관심이 절실히 필요할 때다.

> ### 해군 14용사 충혼비
>
> 관리번호: 14-2-06
> 관리자: 백령면사무소
> 소재지: 인천광역시 옹진군 백령면 진촌리 35-1
>
> 이 충혼비는 1950년 3월 25일 이곳 주둔부대에서 해군함정 302호에 승선, 황해도 장연군 월래도(달래섬) 근방에 침투하여 임무를 수행하던 중 적에게 발각되어 무참하게 사살당한 해군첩보부대원 14명의 넋을 기리기 위하여 건립하였으며, 6·25전쟁 당시 공산분자들에게 의하여 일부가 파괴되어 없어진 것을 수복 이후 재건하였다.
>
> 14인의 용사 중 비문 상단부에 남아 있는 반공용사 7인은 다음과 같다.
> 황기수 평북 회천군, 이종섭 평남 평원군, 김일호 평북 구성군, 강주성 황해도 송화군, 이성겸 황해도 송화군, 이두환 황해도 송화군, 윤상원 황해도 송화군.
> 나머지 7인의 반공용사는 비석 하단부가 6·25전쟁 중 공산분자에 의해 파괴되어 알 수 없는 상태이며, 파괴된 원형 그대로 현재 보존되어 있다.
>
> 비석 전면 글씨는 <해군 14인 용사 충혼비>로 쓰여 있으나 그 중 <해군 14인 용>까지만 남아 있고 나머지 글씨는 6·25전쟁 중 파괴되었으며, 남아 있는 글씨 또한 공산분자들이 '곡괭이', '정' 등으로 알아볼 수 없도록 글씨를 철저하게 부수어 놓았다.

비문에 새겨진 이름과 함께 출신지역을 보면 평북 회천군, 평북 구성군, 평남 평원군, 황해도 송화군 등이다. 70여년의 세월이 흘러도 아직까지 귀향하지 못하는 실향민들에게는 고향의 이름으로 기억될 것이다.

27 용기포 등대해안

큰 절벽 아래 깊고 푸른곳

용기포 구항에서 가장 대표적인 장소로 등대해안을 꼽는다. 용기포 신항이 여객선과 해군 군함이 정박하는 용도라면, 용기포 구항은 현지 주민들의 어선과 어업지도선 등이 주로 정박한다. 용기포항에 있다는 등대해안을 찾으려 배가 정박한 바닷가 쪽으로 향했다. 그런데 등대해안은 바다가 아닌 산 너머에 있었다. 용기포 구항에서 산길을 따라가면 해안으로 내려가는 철제 계단이 놓여 있다. 역시 야간에는 출입이 금지되는 군사 제한구역이기 때문에 군에서 운영하는 통문이 열려 있어야 들어갈 수 있는 곳이다.

산이 높으면 골짜기도 깊다고 했던가. 바다와 맞닿은 산 아래 이리도 깊은 동굴이 있을 줄은 상상도 못했다. 용기포 해변은 6·25 전쟁 당시 백령도 주민들이 피신했던 곳이다. 물이 빠질 때 동굴에 들어가면 바깥쪽에서는 동굴 입구가 보이지 않아 은신처가 되었다고 한다. 바닷물이 밀려오면 동굴 입구로 들어오는 게 아니라, 커다란 바위가 방어벽처럼 입구를 막은 형태다. 그시절, 컴컴한 동굴 안에서 전쟁이 끝나기만을 고대했던 사람들의 마음은 어떠했을까? 밀물 때면 동굴 입구가 가려져 보이지 않았겠지만, 썰물 때는 혹여나 발각될까 노심초사 마음 졸였을 것이다. 산에서 해안으로 내려온 높이만큼 큰 절벽이 하늘을 향해 솟아있다. 고개 들어 올려다보지 않으면 하늘마저도 시야에 들어오지 않을 만큼 깊고 푸른 곳이다.

27장 용기포 등대해안

28

용기포 구항
사라진 통일기원탑과 야간 통행금지

백령도에 관한 자료를 찾던 중 용기포 구항에 통일기원탑이 세워져 있다는 걸 알았다. 현재 인천과 백령도를 오가는 여객선 터미널이 있는 용기포 신항이 세워지기 전까지만 해도 용기포구항은 백령도의 관문이었다. 신항이 건설되고 나서 용기포 구항의 기능은 점차 퇴색 되었다. 당시에 사용하던 냉동창고며 건물은 대부분 방치되었다. 마치 폐허처럼 변한 용기포 구항에서 통일기원탑을 찾기란 쉽지 않았다.

예전에 백령도를 찾는 관광객들로 북적였을 옛 포구는 현재 다른 용도로 사용되고 있었다. 백령도 특산물인 까나리액젓 보관을 위해서는 넓은 장소가 필요하다. 항으로서 기능을 멈춘 그곳에 주민들이 까나리액젓을 담은 대형 고무통을 널어놓았다. 백령도 내에 그만큼 넓은 장소가 달리 없다는 이유에서다. 면사무소에서는 주민들 탓을 하고, 주민들은 관청에서 제대로 된 부지를 마련해 주지 않은 고육지책이라며 하소연한다.

까나리액젓을 담는 대형 고무 통 사이에서 나란히 선 두 개의 돌탑을 찾았다. 오래된 사진에서 보던 바로 그 통일기원탑이었다.

오래된 사진속 통일기원탑

28장 용기포 구항

통일기원탑임을 알리는 안내판도 떨어져 나뒹굴고 돌무더기에 지나지 않은 탑이 덩그러니 자리를 차지하고 섰다. 사진 속 날짜가 2000년이니 벌써 20여 년이 지났지만, 여전히 분단으로 남은 현실이 서글펐다. 더욱이 통일의 염원을 담아 하나둘 쌓아 올렸을 돌탑이 흉물처럼 버려졌다는 건 더 마음 아프게 다가왔다. 어쩌면 버려진 탑의 신세만큼 통일에 대한 마음도 사그라든 건 아닌가라는 생각도 들었다. 사람이 만든 돌탑이야 다시 쌓고 정비하면 되지만, 언제까지 통일의 염원을 담은 상징물만 세우고 또 허물어야 하는지.

통일의 열정 또한 버려진 것처럼 보이는 통일기원탑이 다시 정비되고 우리의 마음들도 다잡는 백령도의 상징이 되기를 기대해 본다.

야간 통행금지

용기포 구항은 야간이면 엄격히 출입을 제한한다. 용기포 구항에 정박하는 어업지도선 관계자들의 숙소가 항구 안쪽에 있기에 출입시간이 지나면 안에서 자물쇠를 채워 출입을 통제한다. 설령 용기포 구항에 고기잡이배를 정박해 놓은 현지 주민이라 해도 야간에는 출입할 수가 없다. 백령도에는 현지 주민들이 주로 고기잡이배를 정박하는 용기포구, 고봉포구, 사항포구, 두무진포구, 중화동포구, 장촌포구, 오군포구 등이 있다. 그중에서 북쪽 바다와 마주한 용기포구, 고봉포구, 사항포구는 항구에 통문이 설치되어 야간에 출입을 제한한다. 두무진포구도 북쪽 바다에 위치하면서 북한과 가장 인접한 곳이지만 포구에 줄지어 들어선 횟집이 많아 통문을 설치하기가 어렵다고 한다. 야간에 출입하지 못하는 포구의 주민들은 지속적으로 통문개방을 요구하고 있지만 뚜렷한 해결책은 없어 보인다. 분단의 바다를 마주한 모두의 아픔이자 고통인 것 같다. 바다 위 경계선이 걷히기를.

29

반공유격 전적비

516명의 넋을 위로하며

백령면 진촌리 1184-1번지에 있는 〈반공유격 전적비〉를 찾을 수 있었던 건 순전히 한 노부부의 배려 때문이었다. 반공유격 전적비가 어디에 있는지 정확한 위치를 몰라 주민들에게 수소문해 보았지만 엉뚱한 장소를 알려주기가 일쑤였다. 약도까지 그려가며 친절하게 알려주신 분도 계셨지만 정작 찾아가 보니 그곳은 백호부대 전적비였던 적도 있다.

동키부대 옛 막사에 반공유격 전적비가 세워져 있는 것은 아닐까 지레짐작도 했다. 하지만 분명 진촌리 산자락에 세워져 있다는 자료를 보았고, 실제로 옛 동키부대 옛 막사 주변 어디에도 전적비는 보이지 않았다. 진촌리는 백령면사무소가 소재한 동네로 어쩌면 백령도에서 가장 번화한 중심지다. 그런 곳에 반공유격 전적비가 세워져 있다면 금세 찾을 거로 생각했다. 하지만 반공유격 전적비를 찾기란 그리 쉬운 일이 아니었다.

백령도의 다른 장소를 먼저 둘러보고 나중에 다시 전적비를 찾겠다고 마음먹었다. 그러다 문득 콩돌해변에서 만난 문화관광해설사가 백령도 토박이라는 말을 들었다. 그분이라면 알 수 있을 것 같았다. 해설사님은 한참을 꼼꼼히 설명해 주시는가 싶더니 이내 직접 안내해 주시겠다며 차에 오르라 했다. 진촌리 마을 뒷산 언덕에 자리한 반공유격 전적비는 큰 길가에서 떨어져 있기에 설명만으로는 찾기가 쉽지 않다며 발걸음을 재촉했다. 은퇴 이후 백령도 콩돌해안에서 문화해설사로 일하시는 그녀는 그 누구보다 백령도에 대한 자부심이 남달랐다. 세계 어디에도 이리 멋진 곳이 없다면서도 분단을 마주한 백령도의 또 다른 애환을 말씀해 주셨다. 저만치 흙먼지를 날리며 달려가는 차량을 뒤쫓아 가며 자신이 맡은 일을 묵묵히 해나간다면 세상은 참 아름다워질 거라 여겼다. 그토록 수소문해서 찾았던 반공유격 전적비는 진촌리 마을 바로 뒷산 언덕에 자리하고

29장 반공유격 전적비

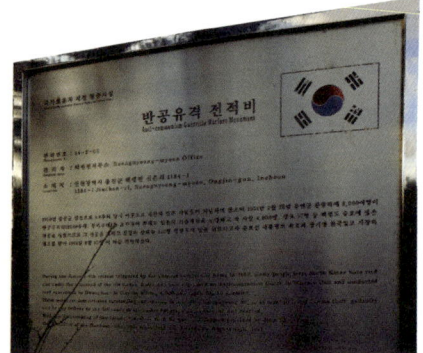

있었다. 진촌리 마을 쪽에서 걸어오면 수백 개의 계단을 올라야 한다. 차량이 진입하기 위해서는 마을을 한 바퀴 돌아 산 반대편으로 난 작은 샛길이었기에 쉽게 눈에 띄지 않았다. 마을 어디에도 이정표 하나 세워져 있지 않았으니 이 마을에 오래 산 현지인이 아니라면 찾기 어려운 곳이었다.

반공유격 전적비는 6·25전쟁 당시 반공유격대(8240부대: 동키부대)로 활동했던 8,000여명 중 장렬히 산화한 516명 영령들의 넋을 위로하고자 세워졌다. 비문에는 윤보선 대통령의 휘호와 장기영 한국일보 사장의 협조를 받아 1961년 8월 15일에 이 비를 세웠다고 기록되어 있다. 한편, 이곳에는 백령도에 부임한 첨사들의 선정을 기리기 위한 비석(진촌리 첨사 선정비군)도 자리하고 있다.

1961년에 세워진 후 오늘까지 정확히 50여 년의 세월이 흘렀다. 반공의 기치를 내건 비석은 말없이 그 자리를 지키고 분단의 장벽은 여전히 걷힐 줄 모른다. 진촌리에서 아침을 맞는다면 해 뜨기 전 꼭 이곳에 올라가 보시기를...

북포리 당후길 흑룡마크사

핑크빛 꽃 명찰의 추억

백령도에서 진촌리와 함께 큰 마을인 북포리는 해병대 여단 사령부가 위치한 곳이다. 끝섬 전망대에서 시작해 해안도로를 따라 한 바퀴 돌면서 백령도 구석구석을 기억 속에 담았다. 해안가를 지나 백령도의 마을을 보고 싶었다. 백령도에 대략 만여명 정도가 거주하는데 이 중에 절반이 군인이라고 한다. 해병대 여단 사령부를 중심으로 크고 작은 상가들이 밀집해 있는 곳이 바로 북포리다. 북포리는 원래 황해도 장연군 백령면에 속했다. 1914년 행정구역 변경에 따라 신화동, 장후동을 합쳐 백령도 북쪽에 있다하여 북포리라 이름 지었고 1945년 11월 경기도 옹진군에 편입되었다. 이 마을의 명칭은 원래 '당후동'이었다. 마을 앞에 당산이라는 큰 산이 있었는데 바로 그 산 뒤에 있는 동네라 하여 당후동이라 불리었다고 한다. 행정구역 개편에 따라 백령도 북쪽에 있는 마을이라는 의미로 현재 북포리로 불린다. 북포리 당후길은 과거 70-80년대의 건축물, 간판, 골목길 모습이 조금씩 남아 있어 옛 정취를 느낄 수 있다. 해병대원들의 쉼이 되어준 북포리 당후길은 지금 어떤 모습일까?

30장 북포리 당후길 흑룡마크사

해병 꽃신

해병대 여단 사령부 정문 바로 옆에 〈흑룡마크사〉라는 간판을 단 가게가 있다. 이 가게는 해병대 6여단과 함께 지난 세월동안 백령도를 지켜왔다고 해도 과언은 아니다. 해병대원의 고유마크인 빨간명찰에 자랑스러운 이름을 새기는 것도 흑룡마크사의 낡은 재봉틀에서부터 시작된다. 해병대 6여단의 역사와 함께 수 십 년 동안 자리를 지켜온 흑룡마크사는 다름 아닌 당후리의 얼굴인 듯하다. 육지가 아닌 섬에서 그것도 북한과 마주한 최전방 지역에서 복무하는 해병대원은 남다른 자부심과 긍지가 있다. '귀신 잡는 해병'을 남친으로 둔 여성들이 받게 될 선물은 명품백이 아니라 팔각모와 꽃명찰이다. 핑크빛 꽃 명찰을 새겨주면서 서해 최북단 끝섬에서 복무하는 기간 동안 기다려 달라는 약속도 했으리라. 명찰에 새겨진 빨간색은 피, 노란색은 땀을 상징한다. 조국에 청춘을 바친 해병대원의 피땀이 오롯이 새겨진다.

해병대원이 여친에게 선물한다는 꽃무늬 팔각모

신데렐라의 유리구두인가? 고무신 거꾸로 신지 않겠다는 어느 해병대원 여친이 남긴 무언의 메시지인가?

30장 북포리 당후길 흑룡마크사

흑룡마크사에서 해병대 빨간명찰에 이름 석자 새겨넣었다.
나는 이 이름에 부끄럽지 않을 통일의 오직 한길을 지금 걷고 있는가?

APPENDIX

백령도
황해도식 냉면

실향민들의 고향의 맛

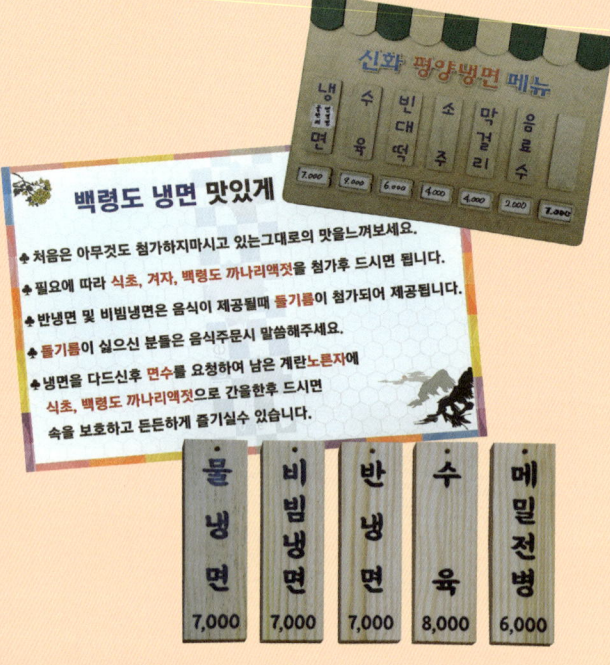

백령도에는 대략 네다섯 곳 정도의 냉면집이 성업 중이다. 한 자리에서 수십 년 동안 명맥을 유지하는 집도 있지만, 장소가 바뀌거나 식당상호가 바뀐 곳도 있다. 인터넷에 올라온 후기만 보고 찾아갔다가는 헛걸음하기 일쑤다. 백령도 냉면집 대부분이 오후 3시면 문을 닫는다. 백령도에 여러 날을 머무는 동안 냉면집은 모두 찾아다녔다. 맛은 기억이라 하지 않았던가. 고향의 맛을 그리는 사람들의 애환이 이곳 백령도 냉면집 문턱을 닳는다.

백령도 냉면의 진가는 찬바람 쌩쌩 부는 겨울에 맛봐야 한다. 백령도에서 직접 재배한 메밀을 늦가을에 수확한 메밀로 반죽한 면이 더욱 식감을 자극한다. 또 하나 백령도 냉면의 진수는 까나리액젓을 한 두 방울 넣어 먹는 맛이다. 백령도 냉면의 고수는 냉면을 다 먹은 후 면수에 달걀노른자와 까나리액젓을 풀어서 후루룩 마시는 것이라 한다. 몇 번 시도했지만 한 번도 성공하지 못했다. 완전한 백령도민이 되기 위한 미완의 과제로 남았다.

황해도식 냉면에는 반반냉면이 있다. 비빔과 물냉면이 서로 어우러지는 맛이 일품이다.
둘이 하나가 되는 반반냉면을 그래서 통일냉면이라 부르면 어떨까?
물냉면 먹을까 비빔냉면 먹을까 고민하지 말고, 남이냐 북이냐 서로 따지지 말고 말이다.

고향의 맛을 골라 드실 수 있는 곳

사곶냉면
📍 인천 옹진군 백령면 사곶로122번길 54-19

신화평양냉면
📍 인천 옹진군 백령면 백령로 691

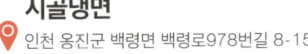

시골냉면
📍 인천 옹진군 백령면 백령로978번길 8-15

진촌냉면
📍 인천 옹진군 백령면 백령로297번길 16

연화냉면
📍 인천 옹진군 백령면 백령로 307